Eva Terhorst

Alleine weiterleben

Eva Terhorst

Alleine weiterleben

Wenn der Partner stirbt: Den heilsamen Weg der Trauer finden

HERDER

FREIBURG · BASEL · WIEN

MIX
Papier | Fördert gute Waldnutzung
FSC® C014496

www.herder.de

Bei Fragen zur Produktsicherheit wenden Sie sich an
produktsicherheit@herder.de

Umschlaggestaltung: Designbüro Gestaltungssaal
Umschlagmotiv: © belander/shutterstock; © jopelka/shutterstock;
© MicroOne/shutterstock

Satz: de·te·pe, Aalen
Herstellung: GGP Media GmbH, Pößneck

Printed in Germany

ISBN 978-3-451-60038-8

Inhalt

Gehen Sie für die Audiodownloads zu den Traumreisen in diesem Buch auf www.herder.de/extras/ und tragen Sie dort die ISBN 978-3-451-60038-8 und Ihre E-Mail-Adresse ein. Im Anschluss finden Sie die Downloads, die Sie als Service auch per Mail erhalten.

Einleitung

Wenn der Partner stirbt, endet eine einzigartige Verbindung, eine Geschichte, die keiner anderen gleicht. Vielleicht gab es einen zarten und vorsichtigen Beginn, dem ein ganz besonderer Zauber innewohnte. Oder war es Liebe auf den ersten Blick? Dann gab es Zeiten, in denen die Herzen synchron schlugen, und Momente, die nie enden sollten, aber auch Tiefpunkte und Konflikte, die Unsicherheit und womöglich Zweifel heraufbeschworen. Manchmal spielten vielleicht auch Turbulenzen eine Rolle, die sich legten und wiederauftauchten. Mit viel Liebe wurde möglicherwiese eine Familie gegründet und ein gemeinsames Leben aufgebaut. Die Liebe, die Nähe, die Vertrautheit, auch die Konflikte, das Ringen um Lösungen und die gemeinsame Entwicklung haben ein Netz aus Handlungen und Gewohnheiten gewoben, das Geborgenheit vermittelte.

Nun ist das Aufgehobensein in der Partnerschaft und in der Liebe dahin und das Herz, das bis vor Kurzem so gerne für zwei geschlagen hat, muss sich daran gewöhnen, nur noch für sich selbst zu schlagen. Wir hören im nahen oder entfernteren Umfeld von solchen großen Verlusten und haben eine gewisse Vorstellung davon, was es bedeuten kann, aber fühlen und nachempfinden können wir es erst, wenn es uns selbst widerfährt. Viele meiner Klienten bestätigen mir, dass sie es sich niemals auch nur im Entferntesten hätten ausmalen können, wie sehr und auf welche Weise ihnen der Tod ihres Lebensgefährten nahezu alle Kraft, beinahe jeglichen Lebenswillen und sogar die Lebenslust rauben würde.

Nun gehören Sie selbst zu den Betroffenen, die voller Trauer kaum begreifen können, was in Ihnen und um Sie herum vorgeht. Es ist eine Situation, die Aufklärung und Orientierung bedarf. Ein Zustand, in den wir hineinwachsen müssen, auch wenn sich alles in uns dagegen sträubt. Zu oft gilt es nun, in den nächsten Sekunden, Minuten, Stunden und Tagen und immer wieder auch in den nächsten Wochen und Monaten einen überwältigenden Schmerz auszuhalten. Gleichzeitig benötigen wir Hinweise und Fakten, um einen neuen Weg für uns, unseren Alltag und unser Leben zu finden, nachdem die gewohnten Sicherheit und Halt bietenden Strukturen allesamt verloren scheinen.

Diese Orientierung, Begleitung und, wo möglich, Wegweisung gebe ich Ihnen in diesem Buch und zudem Stärkung, Ermutigung sowie konkrete Information und Hinweise für die Zeit Ihrer Trauer um Ihren geliebten Mann.

Im ersten Kapitel erhalten Sie einen kurzen Überblick, wie der Verlust des Lebensgefährten auf Körper, Geist und Herz wirken kann. Hier bekommen Sie Hinweise dafür, wie Sie Ihre jetzige Situation besser einschätzen können, und darüber hinaus eine Art Kompass für die Zeit der Trauer, die vor Ihnen liegt.

Im zweiten Kapitel begleite ich Sie dabei, einen klaren Blick auf das zu richten, was ist – damit die Dinge nicht einfach geschehen und Sie sich diesen nicht allzu sehr ausgeliefert zu fühlen brauchen. Es geht um die vielfältigen Veränderungen, die nun Ihren Alltag, Ihr gesamtes Leben betreffen und von denen einige wahrscheinlich keinen Aufschub dulden.

Im dritten Kapitel lege ich den Fokus darauf, wie Sie mit den Bedürfnissen gegebenenfalls noch kleiner Kinder umgehen können und was möglicherweise wichtig werden kann, wenn Sie bereits erwachsene Kinder haben.

Im vierten Kapitel lenke ich Ihren Blick auf Ihre psychische Verfassung. Sie werden mehr über Ihre Bedürfnisse erfahren, sich selbst besser verstehen und erkennen, wie Sie gut für sich sorgen können.

Im fünften Kapitel geht es um das, was trauernde Frauen häufig für lange Zeit, nachdem der Lebensgefährte gestorben ist, immer wieder in ihrem Herzen bewegen: letztes gemeinsames Erleben, letzte Worte, nicht mehr Gesagtes.

In Kapitel sechs greife ich die meist wohlwollenden, aber oft hilflosen und sogar belastenden Reaktionen von Menschen aus dem Umfeld von Trauernden auf. Es gibt vielfältige Möglichkeiten, wie Sie damit umgehen und sogar Positives daraus ziehen können.

Besondere Fragen, die im Todesfall des Lebensgefährten aufkommen können, werden im siebten Kapitel betrachtet. Außerdem wird das beleuchtet, was viele zu lange im Dunkeln lassen: Geheimnisse des Lebenspartners, die manchmal nach dessen Tod ans Licht kommen.

Im achten Kapitel werden die kurz-, mittel- und langfristigen Veränderungen in den Blick genommen; Sie erhalten Hinweise, wie Sie diese aushalten und auch selbst gestalten können.

Rituale können Sie darin unterstützen, Ihren Weg der Trauer zu gehen und Ihre eigene Erinnerungskultur zu entwickeln. Dafür finden Sie Vorschläge und Ideen im neunten Kapitel.

In den Kapiteln zehn und elf soll es zumindest perspektivisch um Ihre weitere Zukunft gehen. Hier wird Ihnen aufgezeigt, dass es gut weitergehen kann, welche Stolpersteine es möglicherweise gibt und wie Sie nach einigen Entwicklungen Ihr Leben irgendwann auch wieder genießen können, selbst wenn Sie es sich hier und jetzt noch nicht vorstellen können.

Als Abschluss finden Sie in Kapitel zwölf hilfreiche Hinweise zu Angeboten speziell für Witwen.

Ich selbst habe meinen Partner Tom 2006 durch Krebs verloren. Mir erging es damals so ähnlich, wie es Ihnen vermutlich jetzt geht. All diese wirklich schweren Zeiten und Empfindungen, die ich damals durchlitten habe, brachten mich dazu, dass ich mich zur Trauerbegleiterin ausbilden ließ. Meine Erfahrungen und die aus meiner Arbeit mit meinen größtenteils weiblichen Klientinnen fließen in meine Bücher ein. Immer wieder berichten mir Leserinnen und Leser, dass es für sie in gewisser Weise erleichternd und ermutigend war, bei der Lektüre festzustellen, dass andere Ähnliches empfunden haben, dass ihr Erleben weitestgehend »normal« und Teil des Trauerweges ist. Für Sie selbst, liebe Leserin, ist es jetzt vermutlich noch nicht an der Zeit, positiv in Ihre Zukunft zu blicken; solange das so ist, kann dieses Buch Ihnen Orientierung und Halt geben. Meine eigene Geschichte und die meiner Klientinnen, die wie ich trotz allem wieder auf die Beine kamen und sogar wieder lieben können, zeigen, dass – auch wenn Sie es jetzt noch nicht spüren können –, ein anderes und auch wieder schönes Leben auf Sie warten kann und darf.

Geben Sie sich für Ihre Trauer so viel Zeit, wie es sich für Sie richtig anfühlt. Auch dazu möchte ich Sie mit diesem Buch ermutigen. Ob es kleine oder auch mal ganz kleine Schritte sind – es entsteht daraus Ihr Weg. Darauf können Sie vertrauen.

Kapitel 1: Was Trauer mit unserem Geist und Körper macht

Wenn der geliebte Partner gestorben ist, wird plötzlich aus dem Wir ein Ich. Ob er plötzlich oder nach langer Krankheit und nach einem langen, sogenannten »erfüllten« Leben gegangen ist: Das gemeinsame Sein, das sich über Jahre aufgebaut und entwickelt hat, ist mit einem Mal zu Ende und das lässt uns in ein tiefes Loch fallen. Wir fühlen nur noch Schmerz, nie waren wir so verletzt und verletzlich, nichts ist mehr, wie es war. Kam der Tod plötzlich, beschäftigt uns für lange Zeit die Frage nach dem Warum und wie wir es hätten verhindern können, denn der Schmerz, den dieser Verlust bedeutet, lässt keine innere Weite mehr zu. Ist der Partner in höherem Alter gestorben, stellt sich oft die andere Frage nach dem Warum: Warum er zuerst, warum nicht ich, warum lässt er mich alleine? Fragen, die nicht zu beantworten sind und zu nichts führen. Fragen, die immer wieder im Kopf kreisen, während das Herz bis zum Umfallen schmerzt, aber einfach nicht aufhört, weiter zu schlagen. Das Leben geht weiter, obwohl das Leben des geliebten Mannes zu Ende ist. Das ist schwer zu ertragen. Auch wenn wir alle sterben, immer gestorben wurde und der Tod zum Leben dazugehört, ist unser Sein maßgeblich auf das Leben ausgerichtet. Dabei blenden wir den Tod aus, auch viele ältere Menschen, die bereits auf ein langes Leben zurückblicken können, tun das. Denn der Tod macht uns

Angst, wir verstehen ihn nicht. Wir wissen nicht mit Sicherheit, was nach unserem Tod mit uns passiert, und eigentlich wissen wir auch nicht so recht, wo wir herkommen. Vielleicht sind Nähe und Liebe genau die Werte, die wir, wenn wir geboren werden, aus der einen Welt mitbringen und die wir in eine andere Welt mitnehmen, wenn wir sterben. So hinterlässt ein Mensch, dessen Liebe und Nähe wir sicher waren, wenn er stirbt, einen riesigen Krater in unserem Herzen. Wir müssen ohne ihn, ohne diese Quelle der Liebe in die Zukunft schauen.

Die Trauer greift tief in unser gesamtes System ein, unser Geist und Körper und insbesondere das Herz sind betroffen. In diesem Kapitel erhalten Sie einen Überblick über die möglichen Folgen, damit Sie wissen, womit Sie es zu tun haben, und vielleicht mehr Geduld mit sich selbst bekommen. Die Informationen mögen Ihnen auch helfen, die Auswirkungen auf Sie zu mildern. Auf die psychische Verfassung gehe ich im vierten Kapitel gesondert ein.

Was im Gehirn passiert

Wenn wir einen geliebten Menschen verlieren, ist das ein schwerer Schicksalsschlag. Wir reagieren darauf mit Trauer. Obwohl wir uns während dieser Zeit öfter mal als »verrückt« empfinden, handelt es sich nicht um eine psychische Erkrankung. Es verändert sich lediglich unsere Wahrnehmung. Wir sind unkonzentrierter, weniger aufnahmefähig und gleichzeitig wesentlich empfindlicher. Es fühlt sich an, als würde vieles von dem, was uns nun begegnet, ungeschützt auf uns einprasseln und als hätten wir dem nichts entgegenzusetzen. Gedanken werden nicht zu Ende gedacht oder sie verschwinden einfach, wir sind unglaublich vergesslich; ältere Frauen vermuten darin erste Anzeichen einer Demenz und beobachten sich selbst misstrauisch. Der Partner ist verstorben und weder im Außen noch im Innen ist irgendetwas so, wie wir es gewohnt sind. Für diese Vorgänge gibt es Gründe. Um diese zu wissen, hilft, den eigenen Zustand besser zu verstehen und dadurch besser damit umzugehen.

Vergesslichkeit und Konzentrationsstörungen

Die Vergesslichkeit und mangelnde Konzentration hängen eng mit den ausgetretenen Pfaden in unserer Gehirnstruktur zusammen. Wenn Sie an dieser Stelle kurz gemeinsam mit mir darüber nachdenken, wird Ihnen klar, dass nahezu alle über die Jahre in Ihrem Gehirn angelegten Strukturen irgendwie im Zusammenhang mit Handlungen für und mit Ihrem Partner stehen. Das beginnt mit dem morgendlichen gemeinsamen Aufwachen, erstreckt sich über eine gemeinsame Tagesplanung, eventuell über den Tag verteilt kurze Nachrichten oder Überlegungen, was Sie zu Essen kochen, wie Sie den Abend verbringen, was noch im Haus zu erledigen ist, welche Freunde Sie treffen, oder Planungen für gemeinsame Unternehmungen und den nächsten Urlaub. All diese kleinen und großen Handlungen und Gedanken, die in Bezug zu Ihrem Liebsten stehen, haben über die Jahre Bahnen in Ihrem Gehirn hinterlassen, die Sie wie automatisch betraten, wenn sie benötigt wurden. Diese Automatismen, die Ihnen bisher das Leben erleichtert haben, machen Ihnen nun Ihre neue Situation enorm schwer. Wie gewohnt möchten Sie beispielsweise Kaffee für Sie beide kochen, im Supermarkt greifen Sie wie immer nach den Mengen, die Sie für mindestens zwei Personen benötigen, und während Sie das tun, wird Ihnen schmerzlich bewusst, dass genau diese vielen kleinen Alltagshandlungen nur noch für Sie selbst stattfinden. Ihr Partner ist gestorben und Sie sind alleine zurückgeblieben! Das, was Sie eigentlich schon wissen, aber erst nach und nach begreifen können, wird Ihnen in jedem dieser kleinen Augenblicke automatischen Handelns für Sie beide schmerzhaft bewusst. Immer wieder aufs Neue müssen Sie erkennen, dass die gewohnten Handlungen ohne den geliebten Menschen so keinen Sinn mehr ergeben. Es braucht Sie also nicht zu wundern, wenn Sie über den Tag verteilt, nahezu egal, was Sie tun, immer wieder unkontrolliert in Tränen ausbrechen, denn Ihre Handlungen laufen in eine schier unerträgliche Leere.

Die alten Strukturen funktionieren nicht mehr und es braucht Zeit, um neue Handlungsmuster anzulegen und im Gehirn zu bahnen. Nur eine einzige unerwünschte Gewohnheit abzulegen, das weiß jeder aus Erfahrung mit guten Vorsätzen beispielsweise an Sylvester, benötigt viel Zeit, Aufmerksamkeit, Konzentration und oft einen eisernen Willen. Jetzt befinden Sie sich aber in der Situation, in der Sie gleichzeitig unzählige Gewohnheiten ablegen müssen – und das auch noch gegen Ihren Willen. Selbstverständlich sind die Folgen davon Vergesslichkeit und Konzentrationsschwierigkeiten, denn Ihr wunderbares Gehirn läuft auf Hochtouren, um es Ihnen zu ermöglichen, sich so schnell wie möglich an die neue Situation anzupassen. Gleichzeitig arbeiten Sie vielleicht unbewusst dagegen an, denn mit jeder neuen Struktur realisieren Sie ein wenig mehr, dass Ihr Partner nicht mehr da ist und auch nie mehr wiederkehren wird, und dagegen wehrt sich alles in Ihnen. Seien Sie also nicht ungeduldig mit sich selbst, wenn Ihnen Ihr Alltag, so wie Sie es gewohnt sind, nur schwer oder kaum mehr gelingt. Lassen Sie stattdessen Ihr Gehirn vertrauensvoll gewähren und seien Sie beeindruckt von der ungeheuren Leistung, die Sie gerade vollbringen.

Was im Körper passiert

Der Verlust des geliebten Partners bedeutet enormen seelischen Stress. Unser biologisches System reagiert auf Reize. In Stresssituationen werden sofort unsere Energiereserven aktiviert, damit unser Körper in die Lage versetzt wird, das vor uns liegende Problem zu bewältigen. Nach dem Verlust des Partners wird unser Immunsystem permanent herausgefordert und bei so einer dauerhaften hohen Anspannung läuft es sehr bald auf Reserve. Wir fühlen uns unendlich müde und erschöpft, gleichzeitig angespannt, hellwach, unfähig abzuschalten. Ruhe und Entspannung können helfen, doch in dieser Verlustsituation erscheinen uns diese Begriffe wie völlig unverständliche Fremdworte. Trauer erscheint in dieser Zeit wie ein unendlicher Marathon. Eine Folge davon ist, dass unser Körper übersäuert. Der Basen-Säure-Haushalt gerät aus dem Gleichgewicht. Um unseren Körper dabei zu unterstützen, sich selbst wieder zu regulieren, helfen Bewegung, Entspannungsübungen und eine basenreiche Ernährung. Nehmen Sie sich Zeit und Aufmerksamkeit, um sich über das Thema Säure-Basen-Haushalt zu informieren[1]. So ist es beispielsweise wichtig zu wissen, dass der pH-Wert des Körpers, weist er nur geringe Abweichungen auf, wichtige Körperfunktionen wie den Nähr- und Sauerstofftransport und die Funktion unserer Hormone und Enzyme stören kann. So kann ein mangelndes Gleichgewicht von Säuren und Basen im Körper für Symptome sorgen, die nicht nur aktuell Ihre Gesundheit beeinträchtigen und Ihr Immunsystem schwächen, sondern Sie auch auf lange Sicht schädigen können. Folgen können unter anderem schwache Knochen, Zahnprobleme, Übergewicht, Müdigkeit, Hautprobleme, Schleimansammlungen, Muskelschmerzen und Schlafstörungen sein.

Grob gesagt unterstützen Sie sich selbst am besten, wenn

Sie auf Alkohol, Zigaretten, Drogen, Fleisch und sogar auch auf tierische Produkte verzichten oder sie zumindest reduziert zu sich nehmen. Gut hingegen sind basenbildende Nahrungsmittel wie bestimmte Obst und Gemüsesorten. Fehlt Ihnen die Kraft, nun auch noch auf Ihren Ernährungsplan zu achten, besorgen Sie sich vorerst ein Basenpulver in der Apotheke oder im Drogeriemarkt und trinken Sie morgens nach dem Aufstehen einen Teelöffel davon in Wasser aufgelöst. So legen Sie für den Tag gleich zu Beginn eine gute Basis und wenn mit der Zeit Ihre Kapazitäten Ihnen wieder etwas mehr Luft lassen, können Sie sich ausführlicher um Ihre Ernährung, Bewegung und Entspannung kümmern. Trinken Sie viel Wasser und konsumieren Sie verstärkt grünes Gemüse und grüne Blattsalate. Calcium- und magnesiumhaltige Lebensmittel wie roher Kakao, Bananen, Avocados, Kürbiskerne, Bohnen, grünes Blattgemüse, Brokkoli, Grünkohl, Brennessel, Haselnüsse, Trockenfeigen und Chia-Samen helfen Ihnen dabei, Ihre Gesundheit zu unterstützen. Allein schon ein Glas Zitronenwasser am Morgen kann wirken.

Was im Herzen passiert

Ich kann mich gut daran erinnern, dass ich nach dem Tod meines Lebenspartners Tom monatelang Herzschmerzen hatte. Viele meiner Klientinnen berichten mir ebenfalls davon und in einer Studie[2] wurde nachgewiesen, dass das Herzinfarktrisiko nach dem Verlust eines geliebten Menschen in den ersten 24 Stunden danach 21-mal höher als normalerweise ist. Eine Woche nach dem Verlust liegt das Risiko noch bei einer sechsmal höheren Quote[3].

Ihr Herz können Sie rein pflanzlich mit diversen Weißdorn, Ginseng- oder Ginko-Präparaten unterstützen, doch empfehle ich auch Entspannungsübungen. Wie wichtig das ist, wurde in der Studie ebenfalls nachgewiesen.

In meinen Büchern arbeite ich immer mit Affirmationen und Traumreisen, denn es ist wichtig, dass wir auf unsere Gedanken achten. Wir sollten nicht unterschätzen, wie sehr wir selbst Einfluss auf unser seelisches Befinden nehmen können. Eigentlich wissen wir das und dennoch beziehungsweise gerade in Zeiten, in denen uns das Schicksal an unsere Belastungsgrenze zu bringen scheint, geraten wir nur allzu oft in negative Denk- und Bewertungsmuster. Wenn wir nun davon ausgehen, dass sich diese Sichtweisen wieder von ganz alleine regulieren, sobald es uns wieder besser geht, so stimmt das nur teilweise. Nicht umsonst heißt es »Trauerarbeit« und so sind wir aufgerufen, an unseren Mechanismen und Verhaltensweisen zu arbeiten, denn niemand anderes als wir selbst kann das tun und auch nur wir sind dafür verantwortlich, was wir denken, sagen und fühlen. Das trifft auch oder ganz besonders in Momenten zu, die uns scheinbar alles abverlangen. Deshalb finden Sie in diesem Buch am Ende jeden Kapitels eine Affirmation, die Ihnen auf Ihrem Weg helfen kann.

Im ersten Trauerjahr: Alles zum ersten Mal erleben

Sie haben bereits einige erste Male hinter sich, Sie sind zum ersten Mal ohne ihn aufgestanden, haben ohne ihn gefrühstückt, haben vielleicht ohne Ihren verstorbenen Mann den gewohnten Spaziergang gemacht. Wenn Ihr Partner gestorben ist, liegt ein Jahr voller erster Male vor Ihnen. Jedes ist schmerzhaft, manchmal wird es Ihnen vielleicht erst im Tun bewusst, dass er das erste Mal nicht dabei ist, die besonderen Jahrestage stehen Ihnen wahrscheinlich wochenlang angstbesetzt bevor. Sie feiern zum ersten Mal in diesem Jahr Ihren Geburtstag ohne ihn und ganz egal, wie Sie es anstellen, ob Sie sich zu Hause zurückziehen, Freunde einladen, weggehen oder verreisen, die Trauer holt Sie ein und schubst Sie wieder ein Stück weiter in die Realität: Er wird nicht wiederkommen. Seinen Geburtstag zu begehen, sein Leben zu würdigen, obwohl er körperlich nicht mehr bei Ihnen ist, und Erinnerungen an vergangene gemeinsame Tage wieder aufleben zu lassen kann Sie so schmerzlich erwischen, dass Sie glauben, Ihr Herz würde zerreißen. Weihnachten, Ostern, Familienfeiern, nichts ist auch nur annähernd so, wie es war. Manche trauernde Frauen erzählen, dass besonders der Tag des Kennenlernens und der Hochzeitstag kaum zu bewältigen waren.

Der erste Todestag bringt viele Trauernde an ihre Grenzen, denn zwischen dem 6. und dem 9. Monat im ersten Jahr nach dem Tod des Partners gibt es hin und wieder Momente oder sogar häufiger auch Tage, an denen viele den Eindruck haben, dass es ihnen besser geht. Es ist keine Regel, auf die man sich verlassen kann, aber etwa drei Monate vor dem ersten Todestag berichten viele Betroffene, dass es Ihnen wieder deutlich schlechter geht und es sich teilweise so ähnlich wie ganz zu Beginn der Trauer anfühlt. Das verunsichert natürlich und kann auch etwas Angst machen. Wissen Sie aber, dass dies im Zusammenhang mit dem ersten Todestag steht, können Sie Ihren Zustand besser einordnen. Diese Klippen sind leider normal und gehören dazu. Meistens ist es besonders die Zeit davor, die uns so mitnimmt, der Tag selbst wird größtenteils als nicht so schlimm wie erwartet empfunden.

Machen Sie sich möglichst im Vorfeld Gedanken darüber, was für Sie am Todestag Ihres Partners wichtig ist, wie Sie ihn begehen wollen und was Sie möglicherweise tun möchten, um das Leben Ihres geliebten Menschen zu würdigen. Heute sind wir nicht mehr ausschließlich an kirchliche Traditionen gebunden. Auch erinnerungsfreudige Feste oder ein Treffen mit Freunden, bei denen es die Lieblingsspeisen und Getränke des Verstorbenen gibt und alte Geschichten über ihn erzählt werden, können eine schöne Art sein, den Tag zu begehen. Ist Ihnen aber nach Rückzug, weil Ihnen alles zu viel wird, ist das auch völlig in Ordnung. Wichtig ist, dass Sie sich für den Weg entscheiden, der Ihnen guttut. Setzen Sie sich aktiv damit auseinander, dann können Sie dem Tag wahrscheinlich den Schrecken nehmen und ihn in Liebe und Verbundenheit zu Ihrem verstorbenen Mann begehen. In Kapitel neun gehe ich ausführlicher auf die Jahrestage, Trauerrituale und auf Erinnerungsarbeit ein.

Affirmation

Auch wenn ich es mir gerade nicht vorstellen kann, werde ich mein Schicksal annehmen und die Trauer zu einer Begleiterin machen, die mich stärkt und die mir hilft, ein neues Leben aufzubauen.

Traumreise »Ja zu deinem Weg«

Diese Traumreise können Sie sich auch anhören, und sie steht Ihnen als Download zur Verfügung unter: www.herder.de/extras/

Bevor du diese Traumreise machst, möchte ich darauf eingehen, dass du womöglich große Schwierigkeiten haben wirst, »Ja« zu deinem Leben und zu deinem Weg zu sagen, weil dein geliebter Mensch, so wie du es gewohnt bist, nicht mehr daran teilhaben wird. Ohne ihn kommt dir vielleicht alles sinn- und freudlos vor. Vielleicht hast du sogar Schuldgefühle, dass du leben darfst und er nicht mehr. Es fällt dir schwer, anzuerkennen, dass sein Weg hier zu Ende ist und deiner weitergeht. Wie kannst du weitermachen und deiner

Umwelt dabei mehr als nur eine Hülse deiner selbst anbieten? Was steht dir zur Verfügung, um wieder Kraft, Mut und Sinn zu stiften? Wer bist du ohne deine große Liebe? Was macht dich aus und warum kannst du das alles nicht mehr spüren? Vielleicht hast du es noch nie deutlich spüren können und du warst zufrieden mit dem, was dir geboten wurde. Der Tod deines Partners fordert dich heraus, denn er stellt dich vor eine scheinbar unüberwindbare Hürde, die es nun zu bewältigen gilt. Ist es möglich, dass du glaubst, du hättest weder Willen noch Kraft dazu, diese Kluft zu überwinden, die sich nun zwischen dir und dem Leben geöffnet hat? In Zeiten großer Trauer nach immensen Verlusten geht es nahezu allen Menschen so ähnlich wie dir in diesem Moment, und auf diesen werden vielleicht noch unendlich viele solcher schlimmen Momente folgen. Dafür brauchst du Kraft. Daher bitte ich dich, in dieser Traumreise nur für diesen Moment deine Aufmerksamkeit gemeinsam mit mir auf eine sehr große und niemals versiegende Quelle, die dir immer zur Verfügung steht, zu richten. Das Ziel ist, dass du nach dieser kleinen Reise klarer siehst, warum du noch hier bist und was deine Aufgabe ist. Es soll dir leichter fallen, dein Schicksal hinzunehmen und alles dafür zu tun, dass du dein Leben, so gut es geht, ausschöpfst.

Also schließe deine Augen und zähle langsam mit mir von 10 bis 1.

Sobald du bei 1 angelangt bist, siehst du klar und deutlich vor dir, dass du und deine Geschichte nur ein kleiner Bruchteil einer langen Kette von Ereignissen seid, die über Generationen hinweg geschehen mussten, damit dein Leben entsteht. Wenn dir das bewusst ist, können wir weitergehen und uns darauf konzentrieren, was alles in deinem Leben gut gelaufen ist, damit du hier und heute am Leben bist. Dein Mann ist gestorben und du bist alleine zurückgeblieben. Obwohl all diese vielen Ereignisse dazu geführt haben, dass du noch lebst, fühlt sich das Leben ohne ihn nicht mehr sehr lebenswert an. Du bist fixiert auf seinen Tod und darauf, dass dir dein Leben ohne ihn sinnlos erscheint. Dabei lässt du außer Acht, was alles geschehen musste, damit es dich gibt. Du hast eine große Liebe verloren und das macht dich blind dafür, wie viel Liebe, Zuneigung und Fürsorge über Generationen nötig waren, damit du leben kannst. Die Liebe, die du und dein Mann geteilt haben, ist, blicken wir auf den Zeitstrahl, nur ein Bruchteil von der Liebe, die dich ausmacht.

Denn auch wenn du es im Moment nicht spüren kannst, so stehst du auf den Schultern deiner Vorfahren. Auch jetzt tragen sie dich, und alles, was sie je unternahmen und aufbrachten, führte zu diesem deinem Leben. Ein Leben, das nun durch einen Verlust erschüttert wird und dich mit allem, was dir zur Verfügung steht, bis ins Letzte fordert. Daher sei mutig, vertraue und baue auf die Kraft des Lebens, die dich bis hierhin geführt hat. Nutze sie, um diese tiefe Lebenskrise zu überstehen. Verwende deine Atemzüge, um mehr als nur zu atmen. Traue dich zu leben, auch wenn es deiner großen Liebe verwehrt wurde. Stelle dir vor, wie sich alle Menschen, die jemals und irgendwie daran beteiligt waren, dass du heute lebst, sich auf den Weg machen, um aus Liebe zu dir und zum Leben auch in diesem Moment hinter dir zu stehen, dir deinen Rücken stärken und das, was uns Menschen ausmacht, fließen zu lassen: die Liebe. Auch sie sind größtenteils nicht mehr unter den Lebenden und dennoch bist du ein Teil von ihnen und sie sind ein Teil von dir. Du lebst, weil es sie gegeben hat. Auch wenn es dir wie ein Zufall vorkommt, ist es die Realität, die dein Leben bestimmt und formt. Einen Bruchteil davon kannst du selbst in die Hand nehmen. Es ist oft schwer herauszufinden, welcher Teil das ist. Daher gehe jetzt in dich, wende dich deinen Ahnen zu, verneige dich vor ihnen und bitte sie um Führung. Bitte sie um Hinweise und Zeichen, die dir den Weg zeigen. Bitte sie darum, dass du trotz deiner Trauer das Leuchten sehen kannst, das dir den Weg zeigt. Auch wenn du glaubst, dein Leben sei sinnlos ohne deinen geliebten Menschen, zeigt dir der Schicksalsschlag und die Intensität deiner Gefühle, wie wertvoll sein Leben war und für dich immer noch ist.

Übertragen auf dich und dein Leben bedeutet das, dass deinem Leben und auch jedem anderem der gleiche Zauber und Wert innewohnt. Daher mache dich behutsam und in deinem Tempo auf den Weg, um dein Leben, so gut es geht, wieder bewusst und stark in die Hand zu nehmen. Wie all deine Vorfahren war die Liebe, die du mit deinem Partner hattest, ein Teil von dir, der dich trägt, aber der nicht alles bedeutet. Die Liebe, die du zu geben hast und hattest, ist genauso bedeutend wie all die Liebe der anderen. So nimm es an, dass dein Herz dazu bestimmt ist, weiterzuleben und weiterhin Liebe in diese Welt zu bringen. Nimm diesen Auftrag als Geschenk, würdige es jeden Tag, auch wenn es dir schwerfällt, und sei dir demütig all dessen bewusst, was dazu geführt hat, dass du lebst. Sorge dafür, dass du nicht nur atmest und funktionierst, sondern dass du wieder lebendig wirst und den Teil, der dir noch verbleibt und den du nun ohne deinen geliebten Menschen verbringen musst, ohne

Schuldgefühle nutzt und zu schätzen weißt. Bitte deine Ahnen nun um ihren Segen und um ihre Unterstützung für deinen noch verbleibenden Weg. Zeichen und Hinweise werden folgen und dir zeigen, was das Leben noch mit dir geplant hat. Nimm es an und erbitte dir Kraft dafür, denn nicht immer sind die Aufgaben, die das Leben für uns bereithält, leicht oder angenehm. Spüre, wie sehr dir deine Ahnen Liebe und dein eigenes Leben zur Verfügung stellen, um die nächsten und übernächsten Schritte zu tun, die notwendig sind, damit du wieder gerne an deinem Leben teilnehmen kannst. Du fühlst ab heute bei jedem kleinen Schritt, den du tust, dass dir alles, was du brauchst, zur Verfügung steht. Du blickst gemeinsam mit deinen Vorfahren in deine und somit auch in ihre Zukunft, was immer sie für dich bereithält. Dazu erfordert es Mut und Kraft. Sag »Ja« dazu, geh los, auch wenn du noch keine Lösungen kennst und parat hast. Sie werden sich dir Schritt für Schritt auf deinem Weg offenbaren, egal, wie klein und zögerlich diese Schritte sein mögen. Brich nur auf und geh weiter, so wie es die Bestimmung für dich vorgesehen hat.

Mit dieser Unterstützung zählst du jetzt langsam wieder von 1 bis 10 und kommst nach und nach im Hier und Jetzt an. Lass dir Zeit, um das Erfahrene sacken zu lassen, und sei dir gewiss, dass sich in der näheren Zukunft Hinweise für deine nächsten Schritte zeigen werden. Du wirst in der Lage sein, sie zu verstehen und sie zu nutzen. Vielleicht hat dieser schwere Schicksalsschlag dazu geführt, dass du deine Orientierung verloren zu haben glaubst. Aber in der Rückschau wird es sich zeigen, dass dieser Einschnitt auch vermochte, dich darauf zu fokussieren, was im Leben wirklich zählt.

Kapitel 2: Ein klarer Blick auf das, was ist

Haben wir unseren Lebenspartner verloren, werden wir vor eine oft endlos anmutende Reihe von neuen Aufgaben, Komplikationen und Schwierigkeiten gestellt. Auch wenn Sie eine gleichberechtigte Partnerschaft geführt haben und jeder in relativer Unabhängigkeit eigene Lebensbereiche gestaltet hat, gab es vermutlich eine Arbeitsteilung, die Ihnen beiden den Alltag erleichtert hat. In Beziehungen, in denen der Partner den alleinigen Unterhalt bestritten und womöglich auch die meisten Entscheidungen getroffen hat, hinterlässt der Verstorbene einen schier unüberwindbar scheinenden Berg an Herausforderungen. Sie sind gezwungen, Unterlagen zu sichten, sie zu verstehen, zu ordnen, dringende Erledigungen von weniger wichtigen Dingen zu unterscheiden, während Sie eigentlich das Bedürfnis haben, sich zurückzuziehen, um Ihren Verlust zu betrauern. Daher kann es Ihnen helfen, sich zunächst einen Überblick zu verschaffen, einen Plan aufzustellen, was bis wann zu tun ist, und eventuell auch bestimmte Aufgaben zu delegieren, damit Sie bald mehr Sicherheit in diesen Dingen gewinnen. Das ist wichtig in dieser Zeit, in der Sie mit vielen Veränderungen zurechtkommen müssen. Daher machen wir in diesem Kapitel einen gemeinsamen »Kassensturz«, verbunden mit Hinweisen, wie Sie vorgehen können.

Einen Berg neuer Aufgaben und »den ganzen Papierkram« angehen

Bei vielen Menschen geht es nach dem Verlust eines Partners oftmals um die Existenz, die durch das Einkommen des Verstorbenen bisher als gesichert galt. Selbst wenn Sie und Ihr Mann vorgesorgt haben und die Verhältnisse klar geregelt sind, arbeiten Behörden oft langsam, es passieren Fehler und Unterlagen können verloren gehen. Sie fühlen sich damit möglicherweise überfordert oder einfach kraftlos, vielleicht sind Sie es nur nicht gewohnt, sich um die Finanzen zu kümmern, und haben dem »Amtsschimmel« wenig Widerstand entgegenzusetzen. Es fällt schwer, sich dem »Finanz- und Papierkram« zuzuwenden, und insbesondere, wenn Ihr Partner plötzlich verstorben ist, kommen von allen Seiten Anforderungen.

Es geht nicht anders: Sie müssen beginnen. Womit? – Halten Sie sich an den Leitsatz »First things first«, das Wichtigste zuerst. Denn dieser Satz macht auch bewusst: eins nach dem anderen. Alles auf einmal ist nicht zu schaffen, lassen Sie sich auch nicht von den vielen Aufgaben überwältigen, richten Sie Ihre Energie und Aufmerksamkeit immer nur auf die eine wichtige Sache, die ansteht. Sie müssen Ihre Kräfte einteilen, also schalten Sie in den Überlebensmodus.

Nach der Beisetzung und der Trauerfeier ist »first thing« in den meisten Fällen, sich einen Überblick zu verschaffen: Erstellen Sie eine Liste der anstehenden Aufgaben. Hierzu gehört über die konkreten Erledigungen wie »Erbschein beantragen« hinaus auch die Prüfung der Verbindlichkeiten und Verpflichtungen. Miete, Hausgeld, Versicherungen, Kredite, Abonnements etc.: Was soll weiterlaufen wie bisher, was soll gekündigt oder geändert, was eventuell auf Ihren Namen umgeschrieben werden? Beginnen Sie einfach mit dem Stichwort, das Ihnen einfällt, und mit den konkreten Anfragen, die bereits von verschiedenen Seiten an Sie gestellt wurden, mit der unerledigten Post. Gehen Sie beizeiten auch vorhandene Ordner zu Finanzen und Verwaltung durch. Schreiben Sie einfach alles auf. Das Ordnen nach Dringlichkeit und Wichtigkeit kommt später. Oder beginnen Sie mit den Stichwörtern, die aus der folgenden Liste auf Ihre Umstände zutreffen:

- Monatliche Zahlungen für Wohnung/Haus: Miete, Hausgeld, Strom, Wasser, Telefon/Internet: Was muss wann überwiesen werden? Daueraufträge ändern?
- Grabstein kaufen
- Erbschein beantragen
- Rente: Antrag stellen
- Lebensversicherung: Wer ist der Begünstigte und was wird wann ausbezahlt?
- Krankenkassenbeiträge
- Gebuchten Urlaub stornieren
- Bankkonten und Versicherungen auflisten und klären, welche davon weiterlaufen, welche gekündigt, welche umgeschrieben werden
- Kredite: überprüfen, welche weiterlaufen und welche abgelöst werden können
- Auf wen laufen Miete, Telefon, Wasser, Gas, Strom, Abonnements, was soll gekündigt, was muss umgeschrieben werden?
- Steuern
- Testamentseröffnung
- Sein Auto: verkaufen? Abmelden? Umschreiben?
- Seine E-Mail- und andere Accounts
- Etc.

Setzen Sie in der nächsten Zeit alles, was an To-dos dazukommt, auf die Liste.

Für das Abarbeiten dieser in den meisten Punkten leidigen Liste möchte ich Ihnen folgende Vorgehensweise empfehlen, die sich bei vielen Trauernden, die ich in der ersten Trauerzeit unterstützt habe, bewährt hat:

- Legen Sie einen Zeitpunkt fest, an dem Sie sich jeden Tag die Liste vornehmen und die drei wichtigsten zu erledigenden Punkte ankreuzen. Das kann nach dem Frühstück sein oder vor dem Mittagessen, manche haben dies lieber abends mit Blick auf den nächsten Tag getan. Es spielt keine Rolle: Hilfreich ist jedoch, diesen festen Zeitpunkt festzulegen, wann Sie sich mit der Liste befassen, und sich daran zu halten. Nach wenigen Tagen wird daraus ein Ritual und Sie müssen sich nicht immer wieder neu dazu überwinden. Sie tun es einfach.

Vielleicht fühlen Sie sich an manchen Tagen überhaupt nicht in der Lage zu entscheiden, was wichtig ist und was nicht. Menschen im Stimmungstief und also häufig auch Trauernde sind oft nicht besonders entscheidungsfähig. Dann kreuzen Sie einfach irgendwelche der Punkte an, überlassen Sie es dem Zufall.

- Nachdem Sie die drei *heute* am wichtigsten erscheinenden Punkte angekreuzt haben, nehmen Sie sich einige Momente Zeit und spüren Sie in sich hinein: Wie geht es Ihnen gerade? Wie ist es um Ihre Energie bestellt? Wie viele der drei Aufgaben möchten Sie sich für heute vornehmen? Wählen Sie mindestens eine aus. Wenn Sie sich sehr kraftlos fühlen, dann legen Sie nur für diese eine Aufgabe fest, wann genau Sie diese erledigen. Jetzt? Heute nachdem Sie auf dem Friedhof waren? Vielleicht trauen Sie sich heute auch den zweiten und sogar den dritten Punkt zu, dann geben Sie auch diesen einen Erledigungstermin. Wenn nicht, dann werden Ihnen diese

Punkte ja morgen bei der täglichen Prioritätensetzung wieder begegnen.
- Streichen Sie erledigte Aufgaben auf der Liste durch.

Auf diese Weise gehen Sie mit System in kleinen, gut überschaubaren Einheiten und jeweils Ihren Kräften entsprechend an die Sache heran. Tag für Tag sehen Sie, dass Sie vorankommen, nach einigen Tagen oder ein, zwei Wochen können Sie wahrscheinlich sogar absehen, wie lange es wohl dauern wird, bis Sie tatsächlich den »ganzen Papierkram« im Griff und den Aufgabenberg abgetragen haben. Sie bekommen auch einen Blick dafür, wofür Sie sich Unterstützung suchen sollten. Darauf komme ich später noch zurück.

Wichtig ist, dass Sie versuchen, sich nicht aus der Ruhe, aus dem System bringen zu lassen. Mit Sicherheit werden Ihnen beim Öffnen der Post oder bei der Durchsicht verschiedener Korrespondenzen immer wieder einmal Inhalte begegnen, die Sie beunruhigen, unter Druck setzen, verunsichern oder sogar verletzen. Komplikationen, Verzögerungen, Unwägbarkeiten werden wahrscheinlich eintreten. Stellen Sie sich darauf ein und all dem mutig in den Weg, aber eben nur in Ihren täglichen, gut verdaubaren Portionen.

»Das hat er immer gemacht«

Dieser Satz geht uns ständig durch den Kopf, wenn aus dem Wir ein Ich wurde. Er hat morgens den Hund rausgelassen. Er hat die Getränke hoch- und den Müll hinuntergebracht. Wir vermissen den Verstorbenen in so vielen kleinen Momenten. Zudem gab es wahrscheinlich bestimmte Bereiche, um die sich vorrangig ihr geliebter Mensch gekümmert hat, wie Reparaturen, das Auto, Computerangelegenheiten, vielleicht die Wäsche, Kochen, Gartenarbeit. Einige »seiner« Aufgaben werden Sie einfach übernehmen können, andere nicht. Setzen Sie diese einfach mit auf Ihre

Liste der zu erledigenden Dinge, dann verlieren Sie die beispielsweise anstehende Reparatur des Rasenmähers nicht aus dem Blick. Kurz: Belasten Sie sich jetzt nicht damit, aber sorgen Sie dafür, dass nicht Chaos entsteht, sondern Sie beizeiten eine Lösung für diese Aufgaben suchen.

Verstehen, warum es uns so schwerfällt

In der ersten Zeit nach dem Tod des geliebten Menschen fällt es meist schon unendlich schwer, die Grunddinge des Lebens zu verrichten: einkaufen, kochen, essen, dann bald auch wieder arbeiten. Sich um all die zusätzliche Organisation und die neuen Aufgaben zu kümmern ist eine enorme Belastung. Für viele ist es zudem bestürzend, zu welchen Entscheidungen sie sich schon gleich oder zeitnah nach dem Tod ihres Partners gezwungen sehen. Das stellt häufig eine große Überforderung dar. Bei vielen der Entscheidungen erscheint es uns wichtig, diese im Sinne des Verstorbenen zu treffen. Hier immer richtig zu liegen ist nahezu unmöglich. Das trägt auch dazu bei, dass sich bei manchen Trauernden Berge von unerledigten Dingen anhäufen. Wenn Sie all dem mithilfe Ihrer Liste etwas Struktur geben, vermeiden Sie auch endloses Gedankenkreisen. Sie können leichter erkennen, für welche der zu lösenden Probleme Sie bereits eine Antwort oder einen Plan haben und wo Sie ansetzen können. Sie fühlen sich vermutlich nicht mehr allem ausgesetzt, sondern nehmen sich selbst nach und nach ein klein wenig stärker wahr. So können Sie sich besser den Erledigungen und auch schwierigen Entscheidungen widmen.

Die häufig empfundene Kraftlosigkeit hat noch einen anderen Grund, den zu verstehen Ihnen vielleicht hilft, sich selbst – sofern es möglich ist – Zeit für den Prozess zu gewähren. Dies alles erscheint Ihnen wahrscheinlich auch deswegen so schwer zu bewältigen, weil Sie unterschwellig wahrnehmen, dass Sie mit jeder Erledigung, sei sie auch noch so klein, ein wenig mehr das Leben des Verstorbenen »abwickeln« und sich in dem neuen Zustand, ohne ihn zu leben, »einrichten«. Das widerstrebt Ihnen natürlich zutiefst, das wollen Sie noch nicht, Sie können vielleicht noch nicht annehmen, dass aus dem Wir ein Ich geworden ist. Also sorgen Sie gut für sich, gehen Sie nach Möglichkeit in den kleinen Schritten voran, die Ihren Kräften angemessen sind.

Die Überforderung realisieren und Unterstützung organisieren

Menschen, die ich im Trauerprozess begleite, empfehle ich, sich jeden Tag, am Morgen und am Abend, mit dem eigenen Befinden zu befassen. Spüren Sie in sich hinein, nehmen Sie wahr, wie es Ihnen geht, wie es um Ihre Kräfte bestellt ist. Morgens können Sie überlegen, was Sie am Tag tun möchten, und auch den Blick auf Ihre Erledigungsliste richten. Abends können Sie sich bewusst machen, wie der Tag verlaufen ist, womit Sie sich selbst gutgetan haben[4]. Der Verlust eines geliebten Menschen kann sehr schnell oder auch schleichend zur Überforderung und Erschöpfung führen. Die Selbstbeobachtung kann Sie davor bewahren, sie kann dazu führen, dass Sie sich frühzeitig unterstützen lassen. Und sie kann ermutigen, denn Sie erkennen auch, wenn es Ihnen besser geht sowie was und wer dazu beigetragen hat.

Zudem sehen Sie, wenn Sie Ihre Erledigungsliste durchgehen, welche Punkte Sie gar nicht selbst erledigen können, nicht weil Ihnen die Energie oder Zeit fehlt, sondern schlicht das Know-how.

Kurz: Höchstwahrscheinlich benötigen Sie Unterstützung. Beschaffen Sie sich diese besser früher als später.

Damit kommen wir zu einem für viele Menschen sehr schwierigen Thema: um Hilfe und Unterstützung bitten. Die meisten von uns sind noch so erzogen, dass wir nicht um Hilfe bitten, weil wir damit Schwäche zeigen oder gar in Abhängigkeiten geraten könnten. Besonders ohne einen Partner an der Seite fühlen wir uns schwach und angreifbar. Zudem haben wir durch Geschichten aus dem Umfeld, den Medien oder sogar selbst schon mal erfahren, dass es nicht unbedingt jeder, der uns Hilfe anbietet, auch gut mit uns meint. Daher kann es an manchen Stellen ratsam sein, sich professionelle Hilfe zu holen, für die Sie auch bezahlen. So entstehen keine Abhängigkeiten und Sie brauchen sich auch nicht schwach zu fühlen. Jedenfalls kann bezahlte Hilfe eine Übergangshilfe sein, bis Sie eine bessere Lösung finden.

Haben Sie ein vertrauenswürdiges Umfeld, so schlage ich Ihnen vor, die Menschen geradeheraus um Hilfe zu bitten, denn sie wissen, dass Sie trauern und durch den Verlust schwer getroffen sind. Es gibt sicher einige Menschen, die Ihnen nur allzu gerne zur Seite stehen möchten, aber nicht wissen, wie, solange Sie es ihnen nicht verraten.

Es kann sich dabei herausstellen, dass der eine oder andere Freund oder Nachbar doch nicht so hilfsbereit ist, wie er sich bisher immer gegeben hat, dass Sie also Absagen erhalten. Das kann unangenehm sein und von meinen Klienten höre ich manchmal sogar verletzende Geschichten darüber. Sollte Ihnen so etwas widerfahren, dann machen Sie sich bewusst, dass es wohl nicht an Ihnen liegt und Sie nicht die einzige Person sind, der so eine Fehleinschätzung passiert. Was ich jedenfalls viel häufiger höre, sind Berichte von Menschen aus dem Umfeld, die sich in der Not als sehr hilfsbereit erwiesen und ganz selbstverständlich zupackten. Wenn es Ihnen möglich ist, freuen Sie sich über solche Menschen und die Hilfe, die Ihnen zuteilwird, statt sich über die anderen zu ärgern. Und bitten Sie um Hilfe, tun Sie es.

Delegieren: Machen Sie es Helfern leicht

Zwei Fragen sollten Sie bei der Aufgabenverteilung leiten: Wer kann was am besten und wer macht was gerne? So treten Sie mit passenden Bitten an die möglichen Helfer heran. Auch wenn ein, zwei Freundinnen Ihnen anbieten, »alles Mögliche« für Sie zu tun, machen Sie sich die Mühe und verteilen Sie die Aufgaben besser auf möglichst viele Schultern, sodass jeder gut einen Beitrag leisten kann und nicht seinerseits überfordert wird.

Äußern Sie dann Ihre Bitte klar und eindeutig. Auch wenn es Ihnen unglaublich schwerfällt, um Hilfe zu bitten, machen Sie nicht den Fehler und drücken Sie sich, um diese Peinlichkeit zu vertuschen, unklar aus. Wenn Sie nicht sagen, was Sie bis wann brauchen, kann Ihnen auch nicht beziehungsweise nicht richtig geholfen werden.

Also: Was ist zu erledigen? Bis wann? Sagen Sie genau das der betreffenden Person, treffen Sie die für die Erledigung notwendigen Verabredungen präzise. Wer helfen möchte, möchte auch, dass dann alles klappt.

Notieren Sie sich (vielleicht direkt auf Ihrer Erledigungsliste in zusätzlichen Spalten), was Sie wem zur Erledigung bis wann übertragen haben. Sie können beim Delegieren Zeitpuffer für andere Lösungen einbauen, falls etwas schiefgeht, was nicht auszuschließen ist, wenn Sie mehrere Personen einbeziehen.

Sie mögen sich für andere als Zumutung empfinden mit Ihren Anfragen. Bedenken Sie dabei dieses: Nur Sie können darüber bestimmen, wie Sie Ihre Situation und Ihr Handeln bewerten. Es sind nur Ihre Urteile über sich selbst. Diese können so oder anders ausfallen. Vielleicht können Sie etwas nachsichtig mit sich sein. Ich bin mir sicher: Sie haben anderen auch schon geholfen und haben das gerne getan. Erinnern Sie sich daran, das wird Ihnen wiederum helfen.

> **Affirmation**
> Solange ich atme, kann ich alle Ängste und Sorgen bewältigen.

Kapitel 3: **Was ist mit den Kindern?**

Haben Sie ein Kind oder Kinder, die noch bei Ihnen zu Hause leben, so ist das zusätzlich zu Ihrem großen Verlust eine enorme Herausforderung für Sie, unabhängig davon, ob es sich um jüngere Kinder oder Jugendliche handelt. Sie müssen auf deren Bedürfnisse eingehen und können sich nicht nur auf sich selbst konzentrieren, können sich nicht zurückziehen, wenn Ihnen danach ist. Mit dieser Situation befassen wir uns im Folgenden. Haben Sie bereits erwachsene Kinder, können Sie auch gleich die Hinweise am Ende dieses Kapitels lesen.

Trauer bei jungen Kindern

War Ihr verstorbener Mann auch der Vater Ihres Kindes oder Ihrer Kinder und leben diese noch zu Hause, so sind Sie aufgerufen, sofort weiter zu funktionieren, für Ihr Kind beziehungsweise Ihre Kinder da zu sein, ihnen Halt zu geben, obwohl Sie selbst noch schwanken. Das ist schwer, gleichzeitig kann es aber auch ein Antrieb sein, Schritt für Schritt immer weiterzugehen. Neben möglicherweise finanziellen oder gar existenziellen Problemen sind alle grundlegenden Fragen der Familienorganisation zu klären: Wer ist wann bei den Kindern, wie kann die Arbeit weitergehen, wer bringt die Kinder zum Kindergarten, zur Schule, zum Sport, wer holt sie ab? Selbst wenn Sie und Ihr Mann gut vorgesorgt haben, Ihre Absicherung hervorragend ist und Sie über großes Organisationstalent verfügen, kann es lange dauern, bis alles läuft und geklärt ist. Sie haben vermutlich große Sorgen, vielleicht auch Ängste, und immer wieder überwältigt Sie der Schmerz über den Verlust Ihres Lebensgefährten. Und wahrscheinlich möchten Sie – so, wie ich es immer wieder in meinen Trauerbegleitungen bei Müttern erlebe – nicht, dass Ihre Kinder all das mitbekommen.

Seien Sie offen und ehrlich

Wenn trauernde Mütter sich bemühen, ihre Belastung und ihren Schmerz vor ihren Kindern zu verbergen, um sie zu schonen, dann ist das meistens gar nicht so gut, im Gegenteil: Die Kinder spüren, dass die Dinge anders sind, als die Mutter es sagt oder zeigt, und das verunsichert sie zutiefst. Sie machen sich ihre eigenen Gedanken und Sorgen, durch die Medien und Gespräche mit anderen ergeben sich Szenarien in ihren Köpfen, die oftmals noch wesentlich schlimmer aussehen, als es die Realität ist. Kindliche Fantasie ist enorm groß.

Es ist also in jedem Fall besser, so offen und ehrlich zu sein, wie es geht. Kinder sind auch in dieser Ausnahmesituation auf Augenhöhe zu behandeln. Und nicht nur Jugendliche, auch kleinere und kleine Kinder brauchen gerade jetzt, wo sie durch den Verlust ihres Vaters in den Grundfesten erschüttert sind, Ehrlichkeit, Offenheit, Wahrheit, auch wenn es sich nun um schwere Themen und traurige Gefühle handelt. Automatisch werden Sie Ihre Wortwahl und den Grad der Ausführlichkeit auf das Alter Ihres Kindes abstimmen. Dann werden Ihre Kinder es aushalten und es wird Ihnen sogar einen winzigen Teil Normalität vermitteln und dadurch Halt geben, wenn sie in die Situation, so wie sie ist, ganz selbstverständlich einbezogen werden. Bedenken Sie bitte: Das Schlimmste ist bereits geschehen. Auch für Ihre Kinder.

Wir wissen aus unserer Kindheit nur zu gut, dass wir viel mehr mitbekommen, als die Erwachsenen es damals für möglich gehalten haben. Wenn wir dann keine Erklärungen und kein Mitspracherecht erhielten, fühlten wir uns hilflos und nicht ernst genommen. In späteren klärenden Gesprächen mit unseren Eltern wurde uns dann eventuell gesagt, dass man uns damals schützen wollte. Machen Sie nicht den gleichen Fehler wie so viele Erwachsene vor uns; wir können unseren Kindern die Realität nicht vorenthalten.

Immer und besonders in Krisen ist es wichtig, dass man sich auf das, was einem die Erwachsenen sagen, verlassen kann. Verharmlosung oder Verheimlichung der Realität bewirken Unsicherheit. Ehrlichkeit vermittelt Stabilität. Sie sind die Basis dafür, dass eine Krise möglichst ohne bleibende tiefe Schäden überstanden werden kann und dass man daraus sogar Stärke für spätere Einschnitte im Leben ziehen kann.

Wenn wir uns in unsere eigene Kindheit zurückversetzen, so erinnern wir uns daran, dass es uns auch oft ein Bedürfnis war, zum Familienleben beizutragen, wenn es im Getriebe geknirscht hat. Wie Sie nach dem Tod Ihres Mannes versuchen, Ihre Kinder zu schützen, so versuchen umgekehrt Ihre Kinder, sie zu schützen. Möglicherweise haben Ihre Kinder Angst, dass sie den zweiten Elternteil auch noch verlieren, und deshalb schonen sie ihre Mama mit allen Mitteln. Das heißt beispielsweise, dass sie ihre Gefühle wie Trauer, Angst und Betroffenheit zu verbergen suchen und diese kaum oder gar nicht zeigen. Welch große Hilfe und Erleichterung ist es für Ihre Kinder, wenn sie durch Ihr Vorbild erfahren, dass es Worte gibt für Sorgen und auch die dunklen Gefühle. Sie dürfen sein, dürfen angesprochen und gezeigt werden, sie können geteilt und gemeinsam ertragen werden.

Die größte Angst: »Mir darf nichts passieren, ich muss auf jeden Fall durchhalten, bis die Kinder groß sind« – so ähnlich äußern sich viele Mütter, deren Mann gestorben ist und die nun alleine die Verantwortung für die Kinder tragen, in der Trauerbegleitung. Oft sind sie überrascht, wenn ich dann darauf hinweise, dass viele Kinder, die einen Elternteil verloren haben, genau dieselbe größte Angst haben, nämlich die, dass der andere Elternteil auch noch sterben könnte. Sprechen Sie auch darüber offen mit Ihrem Kind beziehungsweise Ihren Kindern. Denn, wie gesagt, der Fantasie sind keine Grenzen gesetzt und sie malt meist viel schrecklichere Szenen als das Bild, das Sie gemeinsam mit Ihrem Kind für den Notfall entwerfen. Sie können tatsächlich darüber sprechen, wohin Ihr Kind denn selbst gerne im Ernstfall gehen würde. Zur Oma, zum Lieblingsonkel, zur Patentante, ins Internat? Zugegeben, das ist ein sehr schweres Thema, aber die größte Angst ist immer die vor dem unsichtbaren Monster im Raum, und das wird dadurch, dass nicht darüber gesprochen wird, immer größer. Und übrigens: Auch Ihre eigene Sorge, dass Ihnen »nichts passieren darf, bis die Kinder groß sind«, wird schrumpfen, wenn es einen Notfallplan gibt und Sie diesen sogar mit allen Beteiligten besprochen und irgendwo schriftlich hinterlegt haben.

Trauergruppen für Kinder

Nicht nur für Einzelkinder, auch für Geschwister ist es, so meine ich, in der Regel ratsam, eine Trauergruppe mit Gleichaltrigen oder eine Trauerbegleitung zu besuchen. Dort können sie über ihre Gefühle sprechen, und sie erfahren, dass sie nicht allein von einem solchen Schicksalsschlag getroffen sind. In solchen Gruppen treffen sie auch Kinder, deren Verlust vielleicht schon etwas länger zurückliegt. So können Neuzugänge von deren Erfahrungen profitieren und sehen, dass Schmerz und Belastung auch irgendwann wieder nachlassen können. Sind sie dann selbst etwas weiter, können sie den Neulingen Kraft und Orientierung geben. Außerdem sind diese Gruppen angeleitet und die Kinder lernen beziehungsweise können herausfinden, welche Art der Erinnerungs- und Trauerarbeit ihnen am besten liegt.

Sprechen Sie auch mit Personen im Umfeld der Kinder

Das Verhalten von trauernden Kindern schwankt häufig extrem, die Trauer kann sich in einem Moment sehr heftig äußern und dann aber auch gleich schon wieder vorbei sein. Für uns ist das manchmal schwer nachzuvollziehen, denn es bleibt oft unklar, ob unser Kind uns gerade, als es in Tränen ausgebrochen ist und dann wieder Quatsch gemacht hat, nur die Spitze des Eisbergs gezeigt hat und sich dann mit äußerster Kraft beherrscht hat, um uns zu schonen, oder ob es sich tatsächlich nur um einen Moment schmerzhafter Gefühle gehandelt hat.

Was für Sie gilt, gilt auch für Ihre Kinder und alle anderen Beteiligten: Vermutlich machen Sie so einen schweren Einschnitt zum ersten Mal durch und haben wenig Orientierung darüber, was Sie und Ihre Kinder nun brauchen. Sprechen Sie auch mit den Erziehern im Kindergarten und den Lehrern in der Schule über die veränderte Situation und bitten Sie darum, informiert zu werden, wenn Ihre Kinder auffällig werden. Das können Reaktionen wie Unkonzentriertheit, innere Abwesenheit, Träumereien und Rückzug sein, was dann eine Verschlechterung der Noten zur Folge haben kann, oder Wutausbrüche, Aggressivität und andere Verhaltensweisen, die Ihre Kinder bisher nicht zeigten. Wenn Erzieherinnen und Lehrerinnen informiert und einbezogen werden, werden sie versuchen, einfühlsam damit umzugehen. Sie sollten mit ihnen im regelmäßigen Austausch bleiben, wenigstens die ersten Monate oder das erste Jahr; selbstverständlich sollten Ihre Kinder davon wissen beziehungsweise, wenn sie bereits älter sind, diese Gespräche gemeinsam mit ihnen stattfinden.

Einen Glaubens- oder einen Motto-Satz für die schwere Zeit finden

Trauer ist für alle ein Prozess, in dem es gilt, das, was das Schicksal gefügt hat, zu überleben und anzunehmen sowie nach und nach die Dinge wieder in die eigenen Hände zu nehmen. Für Ihre Kinder gilt wie für Sie selbst: Sie brauchen Geduld, jeder mit sich selbst und alle miteinander. Doch in der schwierigen und beängstigenden Situation neigen viele von uns zunächst dazu, alles sehr schwarz zu sehen. An sich ist das Folgende stets im Leben hilfreich, aber ganz besonders für diese Zeit der Trauer lege ich Ihnen nahe: Prüfen Sie immer wieder einmal Ihre Gedanken auf Negativität und formulieren Sie wiederkehrende negative Gedanken bewusst um in positive.

Dabei geht es nicht darum, Ihre Situation schönzufärben, sondern darum, Sie zu stärken. Sie können auch Ihre Kinder einbeziehen und dazu anleiten. Setzen Sie sich zusammen und finden Sie ein Familien-Motto und ermuntern Sie alle, auch ein individuelles »Mantra« zu finden. Wahrscheinlich stehen zur Zeit Glaubenssätze wie »Ich schaffe das nicht« und »Mir wird das alles zu viel« im Vordergrund. Solche Sätze haben Auswirkungen auf unser Innenleben; ungewollt nähren wir damit die negativen Empfindungen und Haltungen und in der Folge oft auch eher ungünstige Handlungsweisen. Doch wir sind selbst dafür verantwortlich, dass wir sie denken und sie auf uns wirken lassen. Wie könnte also ein Satz aussehen, der Ihnen Kraft gibt, statt sie Ihnen zu nehmen? Zum Beispiel ist ein einfaches »Wir schaffen das schon« auf jeden Fall ermutigend.

Durch den Suizid meiner Mutter war ich im Alter von 15 Jahren sehr schwierigen Belastungen ausgesetzt. Damals wusste ich noch nichts von Selbstsuggestion und der Wirkung solcher positiver Mantren, doch später haben ich selbst und viele meiner Klienten gute Erfahrungen damit gemacht. Meine persönlichen Glaubenssätze für schwere Zeiten und schlimme Ereignisse lauten heute: »Ich wachse an allem, was das Leben für mich bereithält.« Und: »Schwierigkeiten zeigen mir, wie wichtig es ist, die guten Dinge im Leben zu schätzen.«

Probieren Sie so lange an Ihrem Satz herum, bis er für Sie stimmig ist, und denken Sie ihn ganz bewusst immer dann, wenn Sie das Gefühl haben, dass Ihnen alles über den Kopf wächst. Tun Sie das, wird er irgendwann automatisch in Ihnen wirken. Auch wenn so ein Satz natürlich keine Probleme lösen kann, so wird eine veränderte Denkweise Sie und ebenso Ihre Kinder, wenn sie mitmachen, in der Trauer mehr unterstützen als alles andere. Ein gemeinsames Familienmantra kann zusätzlich den Zusammenhalt stärken.

Wo ist Papa jetzt?

Je jünger Kinder sind, desto drängender stellt sich ihnen und stellen sie uns Erwachsenen diese Frage und umso mehr wünschen sie sich eine eindeutige Antwort. Wo ist Papa jetzt? Er kann doch nicht einfach weg sein! Da unten, in dem dunklen Grab? Diese Vorstellung ist den meisten unerträglich. Also, wo ist er? – Wo die Verstorbenen sind, wenn wir nicht den Körper meinen, weiß niemand. Deshalb ist meine Empfehlung, dass Erwachsene im Gespräch mit Kindern oder Jugendlichen darüber erzählen, was sie selbst meinen und glauben. Sagen Sie aber auch, dass andere anderes dazu denken und dass das auch ganz in Ordnung ist. Schon ganz kleine Kinder nehmen es wahr, dass es unterschiedliche Religionen und Vorstellungen über den Tod und das Danach gibt. So lassen Sie Ihren Kindern die Freiheit, selbst ein Gefühl dafür zu entwickeln, ob und wie es nach dem Tod möglicherweise weitergehen kann.

Mittlerweile gibt es wertvolle Kinderbücher, die sich mit dem Thema Tod des Vaters oder der Mutter altersgerecht auseinandersetzen. Sehen Sie dazu meine Empfehlungen im Anhang. Gemeinsam in so einem Buch zu lesen oder es vorzulesen ermöglicht Ihnen, relativ zwanglos an die Stellen, wo es wehtut oder vielleicht wichtige Fragen offen sind, zu gelangen, und Ihr Kind kann sich je nach Situation und Stimmung dafür entscheiden, heute näher darauf einzugehen, und eigene Fragen besprechen oder eben noch nicht. Vielleicht morgen oder wenn Sie das Buch das dritte oder achte Mal gemeinsam lesen.

Brauchen die Kinder einen neuen Vater?

Sehnsüchtig blicken Ihre Kinder nun vielleicht auf die Väter ihrer Freunde im Kindergarten und in der Schule und fragen immer wieder, warum sie nun keinen Vater mehr haben. Für eine Mutter ist das kaum auszuhalten, es bricht ihnen das Herz, wenn sie ihre Kinder um ihren Vater weinen sehen und sie sich vor lauter Sehnsucht einfach einen neuen wünschen. Dabei ist das Bedürfnis nach einem Vater ganz vielschichtig. Einerseits wünschen sich die Kinder selbst natürlich ihren Vater und wenn das nicht geht, eben *einen* Vater. Aber oft wünschen sich Kinder schon sehr bald nach dem Tod des Vaters auch wieder einen Partner für die Mutter, damit sie nicht mehr alleine und nicht mehr so traurig ist. Diese Emotionen und Wünsche kommen oft lange, bevor eine Frau wirklich daran denkt, eine neue Beziehung einzugehen, auf. Manchmal beginnen insbesondere kleine Kinder ganz pragmatisch zu »kuppeln« und fragen unverblümt einen Bekannten der Mama: »Kannst du bitte mein neuer Papa sein?« Was auf den ersten Blick vielleicht irritierend ist, kann auch als ein gutes Zeichen dafür gesehen werden, dass das Kind versucht, die Dinge in die Hand zu nehmen. Allerdings wissen wir, dass das so nicht funktioniert; es gilt wiederum, offen mit Ihrem Kind über Ihre und seine Situation und Gefühle zu sprechen. Vielleicht erzählen Sie, dass Sie Ihren Partner immer noch sehr vermissen und Ihre Liebe zu ihm ja nicht aufgehört hat. Sie können auch mit einem kleinen Kind darüber sprechen, dass Sie noch keinen neuen Papa suchen möchten, aber vielleicht bald wieder mehr mit Freunden unternehmen und dass das auch schön sein kann. Und wieder gilt: Sagen Sie Ihrem Kind nichts, was Sie nicht auch meinen. Wenn Sie im Moment noch gar nichts mit anderen unternehmen wollen, dann darf Ihr Kind auch das wissen. Niemand muss etwas vorspielen, was nicht ist. Sie nicht und auch Ihr Kind, Ihre Kinder nicht. Jeder darf seinen Weg so gehen, wie er möchte.

Affirmation
Ich traue meinen Kindern ihr Schicksal zu.

Traumreise für Kinder »Dein Papa bleibt immer in deinem Herzen«

Diese Traumreise können Sie sich auch gemeinsam mit Ihrem Kind anhören, und sie steht Ihnen als Download zur Verfügung unter: www.herder.de/extras/

Dein Vater ist gestorben und das hat dein Leben verändert. Manchmal hast du das Gefühl, es hat sich alles verändert. Doch manches ist noch wie vorher und das kann dir Sicherheit geben, aber es verwundert dich auch. Deine Freunde leben ihr Leben einfach so weiter wie zuvor. Für sie hat sich nichts verändert. Aber für dich, und nun bist du vielleicht nicht mehr sicher, ob du dazugehörst, denn deine Freunde können nicht wissen, wie sich so ein Verlust anfühlt, wenn sie es nicht selbst erlebt haben. Hab also Geduld mit dir und deinen Freunden. Damit dir das besser gelingt, lade ich dich ein, mir auf eine Traumreise zu folgen. Anfangs benötigst du den Text oder meine Stimme dafür, aber du kommst sicher bald auch ohne meine Hilfe an den Ort der Traumreise, zu dem ich dich nun hin begleite. Also suche dir einen stillen und gemütlichen Platz, setze oder lege dich hin und schließe deine Augen.

Ich zähle nun langsam von 10 bis 0, damit du dich besser darauf einlassen kannst, und dann geht die Reise in dein Innerstes los.

Bei 0 angekommen stehst du vor einem großen alten Schiff, was sicher im Wasser verankert ist. Ein Steg führt dich zum Schiff und je mehr du dich ihm näherst, umso klarer erkennst du, dass eine Strickleiter von Bord herunter bis auf den Steg hängt. Ganz so, als sei sie nur für dich da, damit du auf das Schiff gelangen kannst. Du wunderst dich, warum es gerade ein Schiff ist, dass hier auf dich wartet, aber du kletterst erst mal vertrauensvoll die Strickleiter hinauf und bist neugierig, was dich an Bord erwarten wird. Sobald du über die Reling geklettert bist, stehst du an Deck. Du bist barfuß und spürst das von der Sonne gewärmte Holz unter deinen Füßen, das dich sicher trägt. Niemand außer dir ist da und kann dich stören. Du bist überrascht, aber du weißt genau, was du alles tun musst, um mit deinem Schiff in See zu stechen. Du überlegst noch, wo du hinmöchtest, und dabei lässt du dir einen Namen für dein Schiff einfallen und schaust dich erst einmal um. Wie sieht dein Schiff aus? Ist es alt oder modern? Ist es groß und behäbig oder klein und wendig? Hat es eine Gallionsfigur? Du stöberst etwas herum und entdeckst, dass es dort eine Vorratskammer gibt. Sie ist vollgestopft mit all den Sachen, die du am liebsten isst und trinkst. Sie macht den Eindruck, als ob sie nie leer werden würde, und scheint alles zu beinhalten, was du so brauchst.

Sobald du den Namen für dein Schiff weißt, gehst du zum Steuer, schnappst dir die Kapitänsmütze und stichst in See. Du weißt noch immer nicht, wohin es gehen soll, aber dein Schiff scheint es zu wissen. Also legst du ab und bist gespannt, was passieren wird. Nach einiger Zeit siehst du am Horizont eine Insel. Sobald du nahe genug bist, wirfst du den Anker und ruderst mit dem Beiboot an den Strand der Insel. Ganz in der Nähe stößt du auf eine kleine gemütliche Hütte aus Palmenwedeln. Sie scheint wie für dich gemacht. Dir wird klar, dass das ab jetzt für dich der Ort sein kann, zu dem du reisen kannst, wann immer dir danach ist. Hier kannst du sein, wenn es dir gut geht, aber auch, wenn es dir nicht so gut geht und du deinen Papa vermisst. Abends machst du vor der Hütte ein kleines Lagerfeuer. Während du den Flammen beim Brennen zuschaust, merkst du es erst gar nicht, aber so nach und nach gesellen sich die Tiere, die auf der Insel leben, zu dir. Es sind besondere Tiere, Krafttiere, die dir mit ihren besonderen Fähigkeiten zur Seite stehen. Du kannst sie alle auf einmal für dich in Anspruch nehmen oder, ganz wie es dir dein Gefühl sagt, immer mal den einen oder anderen tierischen Gefährten um Hilfe bitten. Wenn du ihnen etwas erzählen möchtest, hören sie dir zu und verstehen alles, worüber du mit ihnen sprichst. Manchmal sagen sie dir sogar etwas dazu oder geben dir wichtige Hinweise für deinen weiteren Weg. Du darfst sie auch fragen, ob sie wissen, ob es deinem Vater gut geht. Sie werden dir antworten, dass er von dort, wo er ist, deinen weiteren Weg mit unglaublich viel Liebe und Stolz weiter begleitet.

Mit deinen Krafttieren, diesen wunderbaren Wesen, darfst du, wann immer du möchtest, so viel Zeit verbringen, wie du brauchst. Ist es für den Moment genug, gehst du zum Strand zurück, nimmst dir eine besonders schöne Muschel für zu Hause mit und fährst mit dem kleinen Ruderboot wieder zum Schiff. Kaum an Deck angekommen, legst du ab und machst dich in aller Ruhe auf den Heimweg. Dabei blickst du zur Insel zurück, siehst deine neuen Weggefährten am Strand stehen, wie sie dir nachblicken, und du weißt ganz tief innen in dir drin, dass du hier jederzeit Ruhe und Trost finden kannst, wenn die Sehnsucht nach deinem Papa mal wieder sehr groß wird. Zurück im Hafen, wirfst du wieder den Anker, kletterst vom Schiff hinab auf den Steg und folgst meiner Stimme, die langsam von 0 bis 10 zählt. Bei 10 angekommen, öffnest du behutsam wieder deine Augen, schaust dich um und stellst fest, wo du dich befindest, und bewegst vorsichtig deine Arme und Beine. Sobald du so weit bist, gehst du los, um mit frischer Kraft und neuem Mut dein neues Leben in deine Hände zu nehmen. Du kannst jederzeit, wenn du es möchtest, zu deiner Insel und zu deinen Krafttieren zurückkehren.

Trauer bei erwachsenen Kindern

In meiner Trauerbegleitung begegnen mir oft Konflikte vor allem zwischen Müttern und ihren erwachsenen Kindern, die bald nachdem der Mann beziehungsweise Vater gestorben ist, aufkommen. Oft wird mir davon berichtet, dass die Mutter in einem Zustand der Verzweiflung verharrt und nahezu ständig weint. Der Sohn oder, häufiger noch, die Tochter, fühlt sich dem gegenüber hilflos und meint aber helfen, etwas tun zu müssen. Gleichzeitig haben erwachsene Kinder oft den Eindruck, dass ihnen für ihre Trauer gar kein Platz gelassen wird, dass ihre Bedürfnisse nicht gesehen werden, weil die Mutter alles für sich in Anspruch nimmt. Umgekehrt kommen immer wieder auch Frauen, deren Mann verstorben ist, mit dem Anliegen zu mir, sie in der Haltung gegenüber als übergriffig empfundenen erwachsenen Kindern zu festigen. Da ist ein Sohn, der in verschiedene Rollen des Verstorbenen schlüpfen und Finanzen regeln und weitreichende Entscheidungen für die Mutter treffen will. Da ist eine Tochter, die schon kurz nach der Beerdigung des Vaters mit der Mutter deren Umzug besprechen will und die schon alles geplant hat, bevor die Mutter überhaupt darüber nachdenken konnte und wollte. Es gibt sehr oft auch Konflikte, die entstehen, weil Geschwister unterschiedliche Vorstellungen haben, wie die Mutter zu unterstützen ist und wer was wann zu tun hat. Oder eine Witwe ist traurig, weil ihre Kinder zu oft oder gar nicht kommen oder anrufen …

Alles ist anders und alle fühlen sich mehr oder weniger überfordert, da einfach noch keine probaten Verhaltensmuster vorhanden sind. Die Verantwortlichkeiten werden neu verteilt, die Rollen in der Familie verschieben sich. Am besten ist es, wenn es Ihnen gelingt, die eigenen Wünsche und Bedürfnisse zu äußern und auch Ihre Kinder nach deren Bedürfnissen und Vorstellungen zu fragen. Vielleicht können Sie sich darauf einigen, erst einmal alle Gedanken, Ideen und Vorschläge zu sammeln, ohne sie zu bewerten. Das verschafft Ihnen und auch Ihren Kindern Zeit, zu sich zu finden und sich selbst wahrzunehmen. Von dort aus sollten sich – jeweils in dem Tempo, das für Sie selbst stimmig ist – nach und nach die richtigen Wege auftun.

Während oft kurz vor und nach dem Tod des Lebensgefährten beziehungsweise Vaters die Familie eng zusammenrückt, kommen bald danach häufig »Ungleichzeitigkeiten«, wie ich sie nenne, auf. Die Bedürfnisse nach Alleinsein, Gesprächen, gemeinsamen Grabbesuchen, Nähe, Rückzug verändern sich bei jedem Betroffenen ständig und es ist eher unwahrscheinlich, dass beispielsweise der Wunsch nach einem langen Gespräch bei Mutter und Tochter zur gleichen Zeit aufkommt. Machen Sie sich das bewusst, so werden Sie nicht enttäuscht sein oder sich zurückgewiesen fühlen, wenn Ihnen die Tochter am Telefon »kurz angebunden« vorkommt. Besprechen Sie dieses Phänomen der Ungleichzeitigkeit mit Ihren Kindern, das kann Ihnen viele Missverständnisse ersparen.

Kommen Sie bei manchen Themen nicht so gut weiter, wie es für Ihr Gefühl eigentlich notwendig wäre, so können Sie auch professionelle Hilfe bei Anwälten, Mediatoren, Therapeuten und Trauerbegleitern in Anspruch nehmen.

Kapitel 4: Unendlich erschöpft, niedergeschlagen oder depressiv

Im zweiten Kapitel haben Sie bereits erfahren, welche Folgen der Tod Ihres Lebensgefährten für Ihre geistige und körperliche Verfassung haben kann. Selbstverständlich werden auch Ihre Psyche und Seele zutiefst berührt und während gemeinhin kurz nach dem Tod eines geliebten Menschen Erschöpfung, Weinen, Niedergeschlagenheit als »völlig normal« betrachtet werden, irritieren solche Zustände schon bald darauf nicht nur Menschen im Umfeld, die sich nicht in den Trauernden hineinversetzen können. Auch die Trauernden selbst fühlen sich zusätzlich verunsichert über ihre andauernde instabile Verfassung. Deshalb gehe ich in diesem Kapitel genauer darauf ein.

Wenn für Seele und Körper alles zu viel wird

Stirbt ein geliebter Mensch, kann es leicht zu einer reaktiven Depression, heute meist als Anpassungsstörung bezeichnet, kommen. Die beiden Begriffe »Depression« und »Störung« führen bei vielen Menschen zu der Fehlannahme, dass etwas grundsätzlich mit ihnen nicht stimmt. Doch tatsächlich handelt es sich um eine Reaktion, die häufig unmittelbar oder wenige Wochen nach einem schwerwiegenden Ereignis wie dem Tod eines geliebten Menschen auftritt. Sie ist eine Folge der hohen Anpassungsleistung, die dem betreffenden Trauernden abverlangt wird, wenn er gezwungen ist, sich an die radikale Veränderung in seinem Leben *anzupassen*. Ähnlich wie bei einer Depression können Symptome wie Erschöpfung, Antriebslosigkeit, Schlafprobleme, Ängste, Mutlosigkeit, Rückzug, Lust- und Interesselosigkeit, zeitweise auch der Wunsch, sterben zu wollen, auftreten.

Die Übergänge zwischen Erschöpfung, einer Anpassungsstörung und einer Depression sind fließend. Bei einer Anpassungsstörung gehen die Symptome nach einigen Wochen und Monaten zurück und verschwinden wieder, falls nicht, sollten Betroffene unbedingt professionelle Hilfe in Anspruch nehmen. Lassen Sie sich bitte ohnehin von Ihrem Arzt unterstützen, wenn Sie mit Erschöpfungszuständen, anhaltender Niedergeschlagenheit oder eben einer Anpassungsstörung zu tun haben. Es kann Ihnen ein leichtes Antidepressivum verschrieben werden, das die Stimmung aufhellt, das Einschlafen erleichtert und hilft, einem Abgleiten in eine Depression vorzubeugen.

Haben Sie bereits seit einiger Zeit solche Symptome, fühlen Sie sich sehr erschöpft und mutlos, finden Sie oft keinen Schlaf, dann muss Sie das also nicht ängstigen. Sie sind noch dabei, sich anzupassen, Ihre Psyche arbeitet intensiv daran und das verlangt Ihnen viel Kraft ab. Ob Ihr geliebter Mensch plötzlich aus dem Leben gerissen wurde oder nach einem vielleicht langen gemeinsamen Leben im hohen Alter verstorben ist und Sie beide darauf eingestellt waren: Solche Reaktionen auf den Tod des Partners sind normal und sogar gesund. Es gibt keinen Grund, sich davon einschüchtern zu lassen oder sich selbst dafür zu verurteilen oder sogar zu versuchen, diese Symptome vor anderen zu verbergen. Es gilt lediglich, zu begreifen, welcher Dynamik Sie dadurch unterliegen, wie Sie damit umgehen können und dass Sie sich nötigenfalls Hilfe suchen.

Der Unterschied zwischen einer Depression und einer reaktiven Depression beziehungsweise einer Trauerreaktion ist der, dass depressive Menschen eher gar nichts fühlen, nicht einmal Trauer. Nach dem Verlust eines geliebten Menschen treten jedoch sehr viele Gefühle meistens sehr intensiv und häufig wechselnd auf. Solange Sie also solche Gefühle haben, besteht kein Grund zur Beunruhigung. Überlegen Sie jedoch, wie Sie für sich sorgen und sich selbst guttun können, wenn sich das Gefühl der Trauer auf all Ihre Empfindungen legt. Vielleicht möchten Sie auch eine Trauertherapie oder Trauerbegleitung beginnen, wenn Sie spüren, dass Sie den Einschnitt in Ihrem Leben nicht alleine verkraften. Merken Sie allerdings, dass Ihre Sehnsucht nach dem Verstorbenen so starke Ausmaße annimmt, dass Sie ernsthaft überlegen, sich etwas anzutun, sollten Sie nicht zögern und sich sofort professionelle Hilfe holen. Weiter unten gehe ich auf die Sehnsucht in einem gesonderten Kapitel ein.

Was Sie in der Trauerzeit stärken kann

Schlechte Gefühle vermeiden wir. Trauer ist so ein starkes Gefühl, dass wir schwere Geschütze auffahren müssen, um sie zu unterdrücken. Es gelingt uns nicht, aber wir versuchen es weiter mit aller Kraft. Der Widerstand gegen unsere Trauer, Verzweiflung und die unerträgliche Sehnsucht nach dem Verstorbenen erfordert einen Großteil der Energie, die wir eigentlich dafür benötigen, um durch genau die Gefühle zu gehen, die wir ablehnen. Sich ihnen zu stellen erfordert Mut, zumal wir auf solche Herausforderungen nicht vorbereitet sind. Der Trauerprozess verlangt uns viel

Zeit und Geduld ab, wir erleiden wechselnde Gefühle, Abstürze, Stillstand und auch Rückfälle in Zustände, die wir glaubten, schon überwunden zu haben. Natürlich wehren wir uns gegen all das, möchten den Gefühlen am liebsten entkommen und machen es damit nur schlimmer. So wird die Trauer, die in dieser schweren Zeit eigentlich unsere Freundin und Begleiterin sein sollte, zu unserer Feindin – bis wir sie zulassen, aushalten, schätzen und bereit dazu sind, an ihr zu wachsen. Dann öffnet sich uns der heilsame Weg der Trauer.

Sie können sich auf Ihre Stärken sowie die Handlungsmuster und Aktivitäten besinnen, die Sie bereits aus Zeiten, in denen Sie es einmal nicht leicht hatten, kennen. Wo liegen Ihre Stärken? Was hat Ihnen gutgetan, als es Ihnen früher einmal nicht gut ging? – Es ist möglich, dass Ihnen die Dinge, die bisher hilfreich für Sie waren, in dieser besonderen Situation sinnlos erscheinen. Deshalb gebe ich Ihnen im Folgenden Anregungen, wie Sie sich im Trauerprozess guttun und unterstützen können. Probieren Sie vielleicht auch Vorschläge aus, die Ihnen auf den ersten Blick nicht zusagen: Sie können neue Kraftquellen entdecken.

Verzagen Sie nicht, wenn Ihnen vieles zunächst schwerfällt. Nichts ist in dieser Situation leicht, am besten geben Sie den Anspruch auf, im ersten Trauerjahr ein normales und unbelastetes Leben führen zu können. Versuchen Sie, die kleinen positiven Momente, die »Mini-Inseln des Glücks« als Geschenke zu empfinden, nehmen Sie diese freudig an, auch wenn sie noch selten und kurz sind. Oft haben Trauernde wegen dieser kleinen frohen Momente Schuldgefühle, denn es kommt ihnen wie ein Verrat am Verstorbenen vor, auch nur für ganz kurze Zeit fröhlich und unbeschwert zu sein. Doch würde er Ihnen solche guten Zeiten nicht von Herzen wünschen?

Im ersten Jahr, nachdem mein Lebensgefährte gestorben war, konnte ich mir nicht im Entferntesten vorstellen, dass es mir irgendwann wieder besser gehen würde. Es dauerte lange und aus meiner Sicht viel zu lange, aber Sie können sich nicht vorstellen, wie erleichtert ich war, als ich die ersten Regungen bemerkte, das Leben doch wieder genießen zu können. Das begann mit nur kleinen und kurzen Momenten, die sich dann aber nach und nach ausweiteten, bis sie sich wieder über mein gesamtes Leben ausdehnten. Halten auch Sie bitte durch, denken Sie daran: Es ist normal und geht vorbei. Es kann bei so einem großen Verlust durchaus sein, dass Sie länger als ein Jahr für Ihren Trauerweg brauchen. Die Trauerforschung geht davon aus, dass es Betroffenen nach dem Verlust des Partners drei bis fünf Jahre lang nicht sehr gut geht.

Was hilft Ihnen in dieser Zeit? »Egal, was ich unternehme, es wird mir ja doch meinen geliebten Menschen nicht mehr zurückbringen«, möchten Sie vielleicht abwehren. Mit solchen Aktivitäten, wie ich sie Ihnen unten vorschlage, gelingt es Ihnen, wieder ins Tun zu gelangen, statt die Situation wie gelähmt über sich ergehen zu lassen. Sie nehmen Ihr Leben in kleinen Schritten, Stück für Stück wieder in Ihre Hände, auch wenn es sich im Moment für Sie überhaupt nicht danach anfühlt.

Also: Was hilft Ihnen in dieser Zeit? Vielleicht suchen Sie sich gleich einen der folgenden Vorschläge zum Ausprobieren aus. Bedenken Sie dabei, dass ebenso, wie sich Ihre Verfassung ständig ändert, die Aktivitäten unterschiedlich wirksam sein können. Was heute guttut, kann in einer anderen Phase stören und umgekehrt. Geben Sie den verschiedenen Dingen, mit denen Sie etwas für sich tun können, also immer mal wieder eine neue Chance.

Hilft es Ihnen, zu schreiben?

Vielleicht liegt es Ihnen, ein Trauertagebuch zu führen, in das Sie täglich ganz nach Belieben kurz oder ausführlich schreiben, wie es Ihnen geht. Es kann auf vielfältige Weise helfen. Auf jeden Fall ist es gut für Ihre Psychohygiene, denn Sie schreiben sich Ihren Schmerz, Ihre Ängste, Ihre Sorgen, Ihre verwirrenden und belastenden Gefühle von der Seele. Wenn auch nicht immer sofort Erleichterung eintreten wird, so kann Ihnen das Schreiben eine Hilfe dabei sein, die dunkelsten Stunden zu überstehen.

Außerdem entsteht so eine Art Dokumentation Ihrer Trauerzeit, denn auch wenn Sie Ihre Gefühls- und Gedankenwelt gerade für unauslöschlich halten, werden Sie überrascht sein, wie viel davon Sie wieder vergessen. Wenn Sie nach einiger Zeit in Ihrem Trauertagebuch zurückblättern, sehen Sie, dass Sie, obwohl es sich vielleicht gar nicht so anfühlt, bereits ein gutes Stück Ihres Trauerwegs geschafft haben.

Manche Ihrer Gefühle und Gedanken halten Sie eventuell auch für ungeeignet, jemandem anzuvertrauen. Geben Sie Ihnen einen Platz in Ihrem Tagebuch, laden Sie Schweres und auch Unaussprechliches dort ab.

Hilft es Ihnen, zu malen, zu basteln, zu nähen?

Kreatives Schaffen kann den Trauerprozess unterstützen. Auf welchem Gebiet möchten Sie es ausprobieren? Malen, fotografieren, etwas basteln, nähen, stricken, schnitzen, schreinern? Zu allem gibt es Kursangebote und das gemeinsame Tun mit anderen kann Sie zusätzlich unterstützen. Fühlen Sie sich noch nicht so weit, dann beschaffen Sie sich eben Material und Anleitungen und machen Ihren Anfang bei sich zu Hause.

Oder haben Sie ohnehin ein Hobby, bei dem Sie Ihre Kreativität einsetzen? – Es kann sein, dass es Ihnen nach dem Verlust Ihres geliebten Menschen plötzlich schwerfällt, Ihrem bisherigen Hobby nachzugehen. Der Zugang gelingt nicht mehr so ohne Weiteres. Dann können Sie ausprobieren, alte Pfade ein wenig zu verändern, damit sie Ihnen doch in Ihrer schweren Zeit Halt geben können. Wenn Sie beispielsweise gemalt haben, aber nun einfach nicht mehr in den Fluss kommen, überlegen Sie, welche neue Maltechnik Sie ausprobieren könnte oder beschaffen Sie sich entsprechende Materialien.

Hilft es Ihnen, zu reden?

Sich den Schmerz von der Seele reden – das kann natürlich helfen. Doch in meiner Trauerzeit und bei der Arbeit mit meinen Klienten habe ich auch erfahren, dass wir uns irgendwann selbst nicht mehr hören können, wie wir immer wieder das Gleiche über unseren schweren Verlust und unseren Schmerz wiederholen. Auch wenn wir dafür wechselnde Gesprächspartner finden, so hören wir uns selbst dabei immer und immer wieder zu. Wenn wir uns einer Trauergruppe anschließen, kommen wir aus dem fortwährenden Monolog heraus. Dort treffen wir andere Betroffene und wir finden in den Gesprächen wertvollen Austausch, weil unser Gegenüber ebenfalls trauert. Wir sind nicht mehr alleine mit unseren Gefühlen und mit unserer Trauer.

Viele Trauernde scheuen sich, Gruppen aufzusuchen, weil sie Angst davor haben, dass sie dort auf anstrengende Menschen mit belastenden Schicksalen treffen könnten. Natürlich sind diese Befürchtungen nicht von der Hand zu weisen und sicherlich kann es auf der Suche nach einer geeigneten Trauergruppe zu Frustrationen und Fehlschlägen kommen. Versuchen Sie es trotzdem, denn das gegenseitige Mitgefühl unter Menschen, die gerade Ähnliches durchleben, kann eine große Unterstützung sein, die wir wegen der selbstverständlichen Gegenseitigkeit oft viel leichter annehmen können, als wenn wir unser gewohntes Umfeld damit belasten. Die Gespräche unter Menschen in ähnlichen Situationen können besonderen Halt geben. In meinen Trauergruppen habe ich immer wieder auch erlebt, dass Freundschaften zwischen den Teilnehmerinnen entstanden, von denen manche über viele Jahre bis heute andauern.

Die Ansicht vieler Trauernder, dass die Beziehung zu ihrem geliebten Menschen einzigartig war, steht manchen Betroffenen im Weg, an einer Trauergruppe teilzunehmen. Sich die Verluste anderer einzigartiger Beziehungen anzuhören kann helfen, dieses Bild zu verändern. Etwas sträubt sich in Ihnen dagegen, zu merken, dass auch andere Menschen starke Bindungen verloren haben; das scheint den eigenen Verlust zu relativieren, was wiederum einem Verrat an der eigenen großen Liebe gleichkommen könnte. Doch schauen wir mal ganz realistisch auf die Menschen um uns herum, so stellen wir fest, dass starke und scheinbar alles überdauernde Herzensverbindungen gar nicht so selten sind. Lassen Sie sich nicht von Ihrer Vorstellung der Einzigartigkeit blockieren, nutzen Sie die Hilfe, die Gespräche mit anderen akut Betroffenen Ihnen bieten kann. Und natürlich ist jede Liebe einzigartig.

Hilft Ihnen Gartenarbeit oder der Aufenthalt in der Natur?

Der Aufenthalt in der Natur wirkt entspannend und stärkt das Immunsystem. Die positive Wirkung auf unser gesamtes System setzt schon nach kurzer Zeit ein. Studien wie zum Beispiel die der Umweltpsychologin Renate Cervinka[5] und ihrer Kollegen der Universität Wien haben ergeben, dass schon ein fünfminütiger Aufenthalt im Wald[6] messbar positive Auswirkungen auf uns haben kann: Das Herz schlägt ruhiger, der Blutdruck sinkt und die Muskeln entspannen sich[7]. Ähnlich positive Auswirkungen kann jegliche Naturlandschaft auf uns haben. Dabei ist auch ausschlaggebend, ob wir uns beispielsweise eher im Gebirge oder am Meer besonders wohlfühlen. Fließende Gewässer können eine besonders wohltuende Wirkung auf unseren Organismus haben. Bei der Gartenarbeit profitieren wir zusätzlich davon, dass wir selbst gestaltend eingreifen, uns körperlich betätigen und erleben, wie Pflanzen gedeihen oder sogar von uns gesätes und gepflanztes Gemüse heranreift und irgendwann von uns geerntet und verzehrt werden kann.

Also zögern Sie nicht, nach draußen zu gehen, und sei es auch nur für einen kurzen Spaziergang. Die Natur wird Ihre Gesundheit stärken, nahezu jede Minute in der Natur kann eine deutliche Verbesserung bedeuten, auch wenn Sie es nicht sofort bemerken.

Hilft es Ihnen, mit Ihren Kindern und Enkelkindern zu sein?

Möglicherweise fühlen Sie sich so traurig, dass Sie sich keinem zumuten möchten, vor allem nicht Kindern, denn Sie möchten niemanden mit Ihrer Stimmung belasten. Viele Trauernde empfinden den Kontakt zu anderen und auch zu Kindern sehr schnell ermüdend und anstrengend. Deshalb tendieren sie dazu, solche Kontakte zu vermeiden. Dabei kann gerade die Unbeschwertheit der Kinder auch entspannend wirken, sofern Sie sich nicht überfordern. Sorgen Sie doch dafür, dass Sie jemanden dabeihaben, der sich um die Kinder kümmern kann, sobald Sie merken, dass Sie an Ihre Grenzen kommen; dann können Sie sich ohne viel Aufhebens aus der Situation zurückziehen.

Im Allgemeinen ist es für Trauernde schwierig, über einen längeren Zeitraum mit anderen zusammen zu sein. Erklären Sie das Ihren Freunden und Verwandten und bitten

Sie um Verständnis, dass Sie vorerst nur kurze Verabredungen eingehen möchten.

Hilft es Ihnen, zu arbeiten, oder brauchen Sie mehr Zeit für sich?

Auch hinsichtlich der Arbeit sind wir alle ganz unterschiedlich in dem, was wir brauchen, wenn wir einen geliebten Menschen verlieren. Es kann sein, dass Menschen, die bisher ihre Arbeit geliebt und sie als einen zentralen und erfüllenden Teil ihres Lebens empfunden haben, für längere Zeit keine Verbindung mehr dazu herstellen können. Auch hier kommt zum Tragen, dass nach dem Verlust nichts mehr ist wie zuvor und oft alles infrage gestellt wird. Viele Menschen lassen sich für längere Zeit krankschreiben, manche wechseln tatsächlich ihren Beruf. Anderen ist es sehr wichtig, dass wenigstens beruflich alles wie gewohnt erscheint, und sie finden darin Halt, finanzielle Sicherheit und nicht zuletzt Ablenkung. Manche stürzen sich mehr denn je in ihre Arbeit, um mehr oder weniger bewusst vor ihren Gefühlen zu flüchten.

Achten Sie gut auf Ihre Bedürfnisse, nehmen Sie sich Auszeiten, sobald Sie merken, dass Sie sich überfordert fühlen. Bestenfalls haben Sie verständnisvolle Kollegen und Chefs und können darüber offen kommunizieren. Lassen Sie sich jedenfalls nicht drängen, versuchen Sie, sich von nichts und niemandem unter Druck setzen zu lassen, auch nicht von eigenen Ansprüchen, wann und wie Sie wieder funktionieren sollten. Jeder, mit dem Sie über diese Thematik sprechen, wird eine andere Einstellung dazu haben, und viele Trauernde werden mit Ratschlägen dazu, ob erbeten oder nicht, überhäuft. Herausfinden beziehungsweise ausprobieren, was gut für Sie ist, können nur Sie selbst. Machen Sie sich bewusst: Es gibt keine endgültigen Entscheidungen. Wenn Sie sich entschieden haben, wieder zu arbeiten, und feststellen, dass Sie doch mehr Zeit für sich brauchen, dann treffen Sie eine weitere Entscheidung.

Hilft es Ihnen, für andere da zu sein?

Wenn Menschen ihren Lebenspartner verloren haben, fühlen sie sich oft nicht mehr gebraucht. Ganz besonders trifft das zu, wenn unser geliebter Mensch altersschwach oder krank gewesen ist und es seit Langem zu unserem Alltag gehörte, dass wir ihm pflegend und unterstützend zur Seite standen. Mochte die Hilfe, die wir geleistet haben, auch noch so anstrengend und anspruchsvoll gewesen sein, so wurden wir gebraucht und sie hat einen großen Teil unseres Lebens bestimmt. Bricht diese Lebensaufgabe weg, können wir dadurch in ein tiefes Loch geraten. Die Anstrengung, die uns oft bis an die Belastungsgrenze gebracht hat, fällt weg, doch Erleichterung darüber zu empfinden erlauben wir uns nicht, denn das käme uns wie ein Verrat an unserem Mann vor. Wir vermissen ihn und wir vermissen unsere Aufgabe: Es fehlt uns, für ihn da zu sein. Wozu sind wir überhaupt noch da? – Am Anfang der Trauerzeit ist es wohl nicht ratsam, gleich nach einer Ersatzaufgabe zu suchen, jemanden, um den Sie sich kümmern möchten. Aber wenn die richtige Zeit dafür gekommen ist, werden Sie sicher erleben, wie gesucht Ihre Unterstützung ist und dass sie dankbar angenommen wird. Lassen Sie sich Zeit, versuchen Sie erst gar nicht, vor Ihrer Trauer in Helferaufgaben zu flüchten. Wir können unserer Trauer nicht entkommen. Doch wenn es Ihnen guttut, dann können Sie bestimmt Menschen in Ihrem Umfeld kleine, möglichst zeitlich und im Ausmaß begrenzte Hilfestellungen geben. Eine meiner Freundinnen bot bald, nachdem ihr Mann nach längerer Krankheit gestorben war, einer ganztägig berufstätigen Nachbarin an, regelmäßig am frühen Nachmittag mit deren Hund spazieren zu gehen. Das wurde gerne angenommen und ihr hat es einen festen Punkt im Tagesablauf gegeben. Tatsächlich hat sie das Ritual beibehalten, als sie nach einigen Wochen ihre Halbtagsarbeit wieder aufnahm.

Hilft es Ihnen, zu musizieren oder Musik zu hören?

Musik kann beruhigen, Ihre Stimmung zumindest vorübergehend erhellen, helfen, Gefühle wahr- und anzunehmen und sie zum Ausdruck oder auch Ausbruch zu bringen. Vielleicht erinnern Sie sich an Ally McBeal, eine amerikanische Anwaltsserie aus den 1990ern. Ally war ein wenig neurotisch und ging sehr emotional mit schwierigen Situationen um. In ihren Therapiesitzungen ging es darum, für schwierige Lebensabschnitte die passende Musik zu finden. Es half ihr, sich mit ihren Gefühlen auseinanderzusetzen. Vielleicht mögen Sie immer mal wieder ausprobieren, welche Musik zu Ihren Stimmungen passt?

Ganz besonders wirksam ist es, wenn wir selbst musizieren. So hat beispielsweise ein 60-jähriger Klient seine Trauerzeit dadurch überstanden, dass er, obwohl er nicht mehr der Jüngste war, damit begann, das Gitarrespielen zu erlernen. Er verbrachte viele schlaflose Nächte damit, Akkorde einzuüben und später sogar größere Musikstücke. Auf diese Weise besänftigte er seine innere Unruhe und er lenkte sich wenigstens zeitweise von seinem großen seelischen Schmerz ab. Das Musizieren half ihm dabei, seinen Verlust zu verarbeiten. Scheuen Sie sich also nicht, Musik zu machen, ein Instrument zu erlernen oder einem Chor beizutreten.

Hilft Ihnen Bewegung?

Bewegung hilft jedem, ich empfehle Ihnen sehr, es auszuprobieren. Doch in der Trauerzeit und ganz besonders, wenn wir eine Anpassungsstörung haben, geht unser Antrieb und damit die Motivation für regelmäßigen Sport fast gegen null. Da heißt es wirklich in ganz kleinen Schritten vorwärts zu gehen, um wieder in Bewegung zu kommen. Genauso ist es gemeint: Sie müssen nicht rennen oder joggen, wenn Sie nicht der Typ dafür sind und Ihnen die Kraft fehlt. Er reicht anfangs schon, wenn Sie um Ihren Wohnblock gehen. Das ist ein guter Anfang und Sie können tage- oder wochenweise Ihre Kreise größer ziehen und auf diese Weise allmählich Ihre Route verlängern. Seien Sie in der Trauerzeit sanft zu sich selbst.

Oder suchen Sie sich kleine Bewegungsabläufe, die Sie regelmäßig ausführen. Ich habe mich nach dem Tod von Tom mit dem »Sonnengruß« aus dem Yoga über Wasser gehalten und dabei immer wieder Donna De Lorys Album »The Lover & the Beloved« gehört. Anleitungen für Yoga-Übungen finden Sie im Internet. Manche finden auch Schwimmen besonders wohltuend, die Berührung mit dem Wasser. Alles, was Ihnen Freude bereitet oder früher einmal Spaß gemacht hat und Sie in Bewegung bringt, ist gut.

Helfen Ihnen Massagen oder andere medizinische oder kosmetische Behandlungen?

Stirbt der Partner, so merken wir schnell, wie sehr es uns fehlt, berührt zu werden. Keine Küsse, Händchenhalten und sonstige körperlichen Zuwendungen, die wir mehr teilen können. Es fehlen neben den Gesprächen, der gemeinsamen Vergangenheit und Unternehmungen eben auch die Berührungen. Sich von anderen stattdessen anfassen zu lassen, ist kaum möglich, außer in einem unverfänglichen Kontext: bei Massagen und medizinische Behandlungen.

In der Trauerzeit neigen wir oft dazu, uns zu vernachlässigen, was zu einer Verstärkung der Niedergeschlagenheit und Mutlosigkeit beitragen kann. Daher schlage ich Ihnen vor, sich Massagen zukommen zu lassen, Gesicht-, Hände-, Fußreflexzonen-, Ganzkörpermassagen. Inzwischen sind die angenehmen Thai-Massagen weitverbreitet bei uns. Auch wenn Sie sich in der Trauerzeit vielleicht nach einer Massage oder anderen Behandlungen nicht wie neu geboren fühlen, weil die Trauer noch Oberhand hat, hilft es Ihnen, wenn Ihr Körper besser durchblutet und stimuliert wird. Mögen Sie es nicht, sich von anderen direkt anfassen zu lassen, können Sie auch auf Thermal-Jade- oder andere Massageliegen zurückgreifen. Regelmäßig angewandt, haben auch sie eine gute Wirkung auf Ihren Körper und somit auch auf Ihre Seele.

Helfen Ihnen Düfte?

Unterschätzen Sie die Hilfen, die Düfte bieten, nicht! Sie werden im Allgemeinen nicht als besonders hilfreich angesehen und so wurde der Geruchssinn fälschlicherweise bei den »niederen« Sinnen eingestuft. Dabei sind Düfte der direkte Draht zur Seele, denn sie wirken unterbewusst und dringen unmittelbar zu unserem limbischen System vor, das für die Gefühle zuständig ist. Daher ist es sicherlich einen Versuch wert, sich in schlimmen Momenten von Düften tragen zu lassen. Sie nehmen uns zwar nicht die Trauer, aber sie können uns hindurchbegleiten. Deshalb gebe ich Ihnen unten einige Empfehlungen für spezielle Düfte, die aufhellend wirken können. Letztlich gilt jedoch, dass Ihnen die Düfte am besten helfen, die Ihnen gefallen und wohltun. Mittlerweile gibt es hervorragende Diffuser, die die wunderbarsten Düfte besser als Duftöllampen im Raum verteilen. Wichtig finde ich, dass Sie 100 Prozent naturreine Öle verwenden.

Informieren Sie sich über Aromatherapien oder experimentieren Sie ein wenig mit dem einen oder anderen Öl. Neben ihrer wohltuenden Wirkung vermitteln Sie sich selbst, dass Sie sich um sich kümmern. Das ist gerade jetzt sehr wichtig: Sie sind jetzt ohne Ihren Partner und gezwungen zu lernen, sich alleine um sich zu kümmern. Beginnen Sie doch der Einfachheit halber damit, sich mit schönen Düften zu umgeben.

Salbei hilft Ihrem Gedächtnis auf die Sprünge, Rosmarin kann Ihren Blutdruck senken, Zitrusdüfte wirken stimmungsaufhellend und Lavendel und Melisse können als Einschlafhilfe dienen.

Ätherische Öle bei Trauer: Zypresse, Neroli, Palo Santo, Vetiver, Sandelholz, Weihrauch, Rose

Ätherische Öle bei depressiven Verstimmungen: Römische Kamille, Palo Santo, Geranie, Muskatellersalbei, Jasmin, Rose, Zitrone, Ylang-Ylang, Grapefruit, Weihrauch, Orange, Bergamotte, Lavendel, Neroli, Mandarine, Sandelholz

Hilft es Ihnen, zu kochen, oder hilft Ihnen eine bestimmte Speise?

Nur noch für sich alleine zu kochen erscheint ziemlich sinnlos. Außerdem fehlt die Energie und vielleicht auch der Wille, sich gesund zu ernähren. Also greifen wir zu Fastfood und anderen ungesunden Nahrungsmitteln. Nun möchte ich an dieser Stelle keine Ernährungstipps geben, da wir alle zu verschieden in unseren Ernährungsgewohnheiten- und Bedürfnissen sind. Was Sie aber berücksichtigen sollten, ist, dass Trauer nicht nur für die Seele, sondern auch für den Körper Stress bedeutet – er übersäuert dadurch und wird anfälliger für Erkrankungen. Durch basische Lebensmittel können Sie dem, wie im Kapitel eins ausgeführt, entgegenwirken. Aber es kann auch helfen, wenn Sie sich hin und wieder einmal Ihr Lieblingsessen aus Ihrer Kindheit zubereiten, denn diese können Wohlgefühle und Geborgenheit in uns auslösen.

Hilft es Ihnen, die Wohnung neu zu gestalten oder umzuräumen?

Wahrscheinlich führt in Ihrer jetzigen Situation keine Umräumaktion zu einem befriedigenden Ergebnis, da sich Ihre Bedürfnisse und Ihre Verfassung noch sehr häufig verändern. Aber das ist auch gar nicht das Ziel; bestimmt werden Sie erst viel später langfristige Lösungen für Ihre neue Wohnsituation finden. Es geht bei der Umgestaltung der eigenen vier Wände darum, nicht in alten Strukturen zu erstarren. Für viele ist es schwer, Kleidung und persönliche Gegenstände des Verstorbenen wegzuräumen, sie zu verschenken, anderweitig zu veräußern oder sogar wegzuwerfen. Es kann monatelang ein riesiges Problem darstellen, die Schuhe des Verstorbenen oder seine Jacke aus dem Flur zu entfernen. Und ich rate davon ab, es dennoch zu tun, obwohl Sie sich noch gar nicht in der Lage dazu fühlen. Bestimmte Veränderungen benötigen einfach ihre Zeit, und was da angemessen ist, können alleine Sie entscheiden.

Dennoch kann es helfen, Veränderungen in Ihrer Wohnung vorzunehmen. Vielleicht können Sie nicht mehr im gemeinsamen Bett schlafen und sind daher ins Wohnzimmer auf die Couch gezogen? Warum sollten Sie sich dann diesen neuen Ort nicht etwas gemütlicher gestalten und einrichten? Ebenso kann es hilfreich sein, ein Regal, eine Kommode oder eine Nische eines Zimmers zu gestalten, wo ein Foto Ihres geliebten Menschen, umgeben von kleinen liebevollen Erinnerungsstücken gemeinsam mit einer schönen Kerze und immer frischen Blumen steht. Selbst wenn Sie nur minimale Veränderungen vornehmen, bringen Sie auf diese Weise ganz behutsam Bewegung in Ihren Lebensraum, den es gilt, nach und nach wieder mit Lebendigkeit zu füllen. Sollten Sie sich gänzlich uninspiriert fühlen, sehen Sie sich Einrichtungssendungen im Fernsehen an oder kaufen Sie sich Magazine, die sich mit Wohndesign und -accessoires beschäftigen.

Tasten Sie sich an die Veränderung in Ihrem Tempo heran. Vielleicht ist es aber auch so, dass Sie gerne die Gelegenheit ergreifen, nun alleine über Ihre Einrichtung zu bestimmen. Sollte das so sein, brauchen Sie deswegen kein schlechtes Gewissen zu haben. Geben Sie einfach Ihren Wünschen nach und probieren Sie aus, was Ihnen guttut.

Hilft es Ihnen, Ihre Gedanken zu dem Verstorbenen auszusprechen?

Zu den großen Erschwernissen in der Trauerzeit gehört oft, dass die Trauernden den Drang haben, über den Verstorbenen zu sprechen. Dann sagt eine Witwe in der Gesellschaft von gemeinsamen Freunden und Angehörigen beispielsweise: »Das hätte Paul jetzt auch Spaß gemacht.« Oder: »Das war sein Lieblingsessen.« Für die Trauernde ist das ganz selbstverständlich, sie ist ja in Gedanken ständig bei ihrem verstorbenen Mann. Doch das Umfeld reagiert oft verunsichert und hilflos auf solche Bemerkungen, und es kann passieren, dass alle peinlich berührt verstummen oder sofort das Thema wechseln. Das verletzt die Witwe und bedrückt die anderen gleichermaßen. – Im sechsten Kapitel gehe ich näher auf Reaktionen von Freunden und Familienmitgliedern ein, hier möchte ich Ihnen einen Vorschlag machen, wie Sie mit solchen Situationen umgehen: Erklären Sie Ihren Freunden und Angehörigen einfach, dass es Ihnen guttut, solche Gedanken auszusprechen, dass Sie gerne solche kleinen Erinnerungen mit ihnen teilen. Nehmen Sie ihnen die Angst, dass solche Momente für Sie schmerzhaft sein könnten. Sie werden sehen, dass daraus sehr schnell Erleichterung auf beiden Seiten entstehen wird. Und dann ist es möglich, ungezwungen über den Verstorbenen zu sprechen.

Affirmation

Auch die schwersten Ereignisse in meinem Leben akzeptiere ich nach und nach, um daran zu wachsen.

Hinterhersterben wollen: Wenn die Sehnsucht sehr groß wird

Viele Hinterbliebene durchleben nach dem Tod eines sehr nahestehenden, geliebten Menschen die Phase des Hinterhersterbenwollens. Ich selbst erinnere ich mich genau an die unerträgliche Sehnsucht, die mich immer wieder erfasste, nachdem Tom gestorben war – und auch an die Gedanken, ihm hinterherzugehen. Viele meiner Klienten berichten ebenfalls davon, vielleicht geht es Ihnen ähnlich. Ihr vertrautester Mensch, Ihr Ansprechpartner und bisheriger Halt ist nicht mehr da. Sie wissen nicht, wo er ist und wie es ihm geht, und sie haben keine Möglichkeit, zu ihm zu gelangen. Das ist schwer auszuhalten und die Sehnsucht nach ihm wächst mit jedem Tag. Nichts macht mehr Sinn ohne Ihre große Liebe – zumindest fühlt es sich im Moment so an. Die Sehnsucht nach ihm nimmt Sie vollkommen ein.

Viele Betroffene sind zudem zutiefst berührt und erschüttert davon, dass gerade dieser wundervolle Mensch nicht mehr weiterleben darf, während andere und sie selbst weiterleben. Warum er, warum nicht ich? Ältere Witwen, die ein langes gemeinsames Leben mit ihrem Mann verbracht haben, sind oft kaum in der Lage, noch irgendetwas zu erkennen, warum sie weiterleben sollen, und meinen, ihre Aufgabe auf Erden erfüllt zu haben. »Anfang und Ende in Gottes Hände« rufen sie sich dann vielleicht den Psalm in Erinnerung. Doch die hohe Suizidrate in der Gruppe der über 60-Jährigen lässt vermuten, dass manche dennoch diesen Weg gehen. Wir sprechen zwar immer davon, dass der Tod zum Leben dazugehört und vor allem ältere Menschen setzen sich ja auch vielfach mit der Endlichkeit des Lebens auseinander. Aber wenn wir selbst davon betroffen sind, sei es plötzlich oder vorhersehbar geschehen, dann ist der Tod nur sehr schwer oder gar nicht zu begreifen. Doch es ist schon schlimm genug, dass Ihr Mann gestorben ist, Sie müssen nicht mitsterben, auch wenn sich Ihre Trauer zurzeit so unerträglich anfühlt, dass Sie gerne mitgegangen wären.

Die Sehnsucht und der Wunsch, hinterhersterben zu wollen, können viele Monate lang anhalten. Viele meiner Klientinnen verunsichert das sehr, zumal diese Empfindungen oft so übermächtig erscheinen. Dabei geht es jedoch an sich gar nicht darum, tatsächlich nicht mehr leben zu wollen, sondern darum, einfach nur beim geliebten Menschen sein zu können, koste es, was es wolle. Seien Sie gewiss: Das ist normal und geht fast allen so, die eine große Liebe zu betrauern haben. Leider kann dies eine ganze Weile dauern und sehr viel Kraft von uns fordern, aber diese Zeit geht vorbei. Nochmal: *Es ist normal und es geht vorbei.* Manchmal fühlt es sich aber so an, als könnten wir dieser Sehnsucht nichts mehr entgegensetzen. Wenn Sie das Gefühl haben, der Drang hinterhersterben zu wollen ist übergroß, holen Sie sich bitte professionelle Hilfe.

Eine kleine Unterstützung dafür, mit der Sehnsucht besser zurechtzukommen, möchte ich Ihnen mit der folgenden Traumreise anbieten.

Traumreise »Wenn die Sehnsucht zu groß wird«

Diese Traumreise können Sie sich auch anhören, und sie steht Ihnen als Download zur Verfügung unter: www.herder.de/extras/

Du stehst vor einem Turm aus Stein und verweilst dort einige Augenblicke. Dann öffnest du behutsam die große, schwere Holztür und beginnst, langsam eine Stufe nach der anderen zu erklimmen, während du langsam von 10 bis 0 zählst.

10 – 9 – 8 – 7 – 6 – 5 – 4 – 3 – 2 – 1.

Beim Hinaufsteigen sind deine Gedanken und Gefühle bei deinem geliebten Menschen. Dir wird immer klarer, dass du eine so starke Sehnsucht nach ihm verspürst, weil du das Glück hattest, eine so besondere und tiefe Liebe getroffen und mit ihr gelebt zu haben. Täglich, besonders zu Beginn des Tages, wird dir wieder und wieder bewusst, dass du alleine zurückgeblieben bist. Manchmal gehen dir Gedanken, dass du lieber selbst gestorben wärst, statt zurückzubleiben, durch den Kopf, während dir Tränen in die Augen schießen. Jetzt befindest du dich in einer Traumreise auf dem Weg, deiner Sehnsucht zu begegnen. Du wünschst dir Hilfe in deiner Verzweiflung darüber, dass dir nichts deinen geliebten Menschen zurückbringen wird, obwohl dein Sehnen nach ihm so groß ist.

Du spürst die Stufen unter deinen Füßen, und obwohl du dich in der letzten Zeit sehr geschwächt gefühlt hast, spürst du auch, wie sie dir Halt und Sicherheit geben. Daher kannst du jeden Schritt genießen, auch wenn du gerade nicht weißt, wohin dich diese Reise führt. Oben angekommen, kannst du erst einmal verschnaufen und innehalten. Du kannst für einen Moment versuchen, gleichzeitig mit beiden Beinen ganz fest in deinem Leben zu stehen, das du gerade führst. Du hast dir dieses Leben, so, wie es im Moment ist, nicht ausgesucht und daher fällt es dir schwer, darin Fuß zu fassen. Alles in dir sträubt sich, deine aktuelle Situation zu akzeptieren. Daher bitte ich dich nun für diese Reise: Lass uns gemeinsam für einen kurzen Moment deine Abwehr unterbrechen, damit du durchatmen und wieder etwas Kraft für deinen weiteren Weg schöpfen kannst. Durch den Tod scheint es, als sei dein Leben stehen geblieben. Heute laden wir dein Leben ein, sich ein kleines Stück weiterzubewegen. Dabei nimmst du all deine Liebe mit, nichts davon brauchst du aufzugeben, und dennoch darf Bewegung in dein Herz kommen, die deinen Schmerz vorsichtig lindert. Trauer ist Liebe und Liebe ist Lebendigkeit. Das hast du durch deinen großen Schmerz aus dem Blick verloren. Daher laden wir zu der Trauer und der Liebe heute und für diesen Moment die Lebendigkeit ein, dir ein wenig Gesellschaft zu leisten. Mit ihr an deiner Seite wird es dir leichter fallen, deine Sehnsucht zu bitten, etwas nachzulassen.

Sobald du das Gefühl hast, dass du weitergehen möchtest, bemerkst du eine weitere Holztür, durch deren Ritzen helles Licht zu erkennen ist. Vielleicht glaubst du, es erfordert Mut, sie zu öffnen, aber sobald deine Hand den Türgriff berührt, spürst du, dass es ganz leicht ist. Du öffnest die Tür und wenige Schritte von dir entfernt eröffnet sich dir dein innerer Garten. Er ist eingebettet in eine schöne Landschaft und umzäunt. Du trittst näher an deinen Garten heran und entdeckst, woraus der Zaun gemacht ist. Ist es ein weißer Jägerzaun, eine Hecke oder eine Steinmauer, die deinen inneren Garten umgibt? Nur du kannst wissen, wo der Zugang zu deinem Garten liegt und wie er sich öffnen lässt. Ist es vielleicht ein kleiner Mechanismus, den nur du kennst, oder handelt es sich um eine Gartentür, für die nur du einen Schlüssel besitzt?

Du betrittst nun deinen Garten und vor dir gestaltet sich eine Landschaft, die nur dazu da ist, dich mit deinen tiefsten Gedanken und Gefühlen aufzunehmen. Alles, was hier geschieht, bleibt geheim und passiert einzig und alleine, um dir zu helfen, deinen großen Verlust zu verarbeiten. Sieh dich um. Vielleicht entdeckst du eine gemütliche Gartenbank oder einen anderen Platz neben einem kleinen Bach, an dem du dich niederlassen möchtest. Du gehst darauf zu und bemerkst, dass dort schon ein Wesen sitzt und auf dich wartet. Es ist die Sehnsucht. Du siehst sie an und wieder einmal kannst du in deinem ganzen Körper spüren, wie sehr du deinen geliebten Menschen und dein Leben mit ihm vermisst. Du setzt dich der Sehnsucht gegenüber. Jetzt darfst du all die Fragen stellen, die in deiner normalen Welt keiner hören möchte. Vielleicht möchtest du wissen, wie lange diese unglaublich starke Sehnsucht dich noch begleiten wird, ob es jemals wieder besser wird oder ob dein Leben sogar wieder schön werden kann. Du darfst alles fragen und um alles bitten. Möglicherweise kann dir die Sehnsucht erklären, warum es so wichtig ist, dass sie da ist, und was du tun kannst, damit du in Zukunft besser mit ihr zurechtkommst. Während du dich mit der Sehnsucht unterhältst, bemerkst du vielleicht, dass sie gar nicht so schlimm ist, wie du es befürchtet hast. Eben wolltest du sie noch loswerden, weil sie dich so sehr schmerzte, und nun bemerkst du, sie kann dir auch eine Freundin und ein Schutz sein, bis du dich daran gewöhnt hast, dein Leben ohne deinen geliebten Menschen zu führen. Tatsächlich wird es dir ein wenig leichter ums Herz, ihr lächelt euch an und eine angenehme Wärme durchströmt dich. Endlich kannst du aus ganzem Herzen »Ja« sagen. »Ja« zu dem, was war. »Ja« zu dem, was gerade ist, und »Ja« zu dem, was sein wird. Die Angst davor spürst du in diesem Moment kaum noch, denn es breiten sich Vertrauen und Sicherheit in dir aus. Dir wird klar, dass die Sehnsucht von nun an deine Begleiterin sein darf, solange es nötig ist. Du merkst, je kleiner dein Widerstand gegen sie ist, umso leichter kommst du mit ihr zurecht. Du bekommst sogar eine Ahnung davon, dass sie dich über die Klippen, die draußen noch auf dich warten, tragen könnte. Hier darfst du sein, wer du bist, und spüren, was ist. All die Schwere darfst du hierlassen und alle Tränen weinen, bis keine mehr übrig sind – egal, wie lange es dauert. Alles, was du hierlassen möchtest, übergibst du vertrauensvoll dem Wasser des Baches, der neben dir fließt, und du lässt dir Zeit, den Erschwernissen nachzuschauen, und siehst ihnen dabei zu, wie sie sich langsam aus deinem Sichtfeld entfernen. Du spürst, dass dir das guttut und dass du immer wieder hierher zurückkehren kannst, wenn dir danach ist. Jetzt ist es sogar für einen kleinen Augenblick möglich, Dankbarkeit für diese Entlastung zu empfinden. Alles Schwere übergibst du dem Wasser, und das Wesen, das du hier getroffen hast, darf dir, wenn du es möchtest, von nun an zur Seite stehen und dir helfen, es durch diese beschwerliche Zeit, die du gerade durchlebst, zu schaffen. Ihr erhebt euch und ihr könnt, wenn dir danach ist, nun gemeinsam den Weg zurück antreten.

Bevor du durch dein Gartentor entschwindest, schaust du dich noch mal in deinem Garten um, lauschst noch einmal auf das leise Plätschern des Baches, der soeben deine Nöte hinweggetragen hat, und wendest dich etwas leichter und mit mehr Zuversicht als zuvor dem steinernen Turm und deiner Rückkehr in deine normale Welt zu. Du öffnest wieder die Holztür oben auf dem Turm, doch dieses Mal lässt du sie hinter dir offen, sodass das helle Licht aus deinem Garten dir den ganzen Weg die Treppe hinunter leuchten kann. Hier ist dir bereits alles vertraut und nun bist du auch schon ein wenig gespannt darauf, was sich mit dem Wesen an deiner Seite in der nächsten Zeit ändern wird. Die Sehnsucht wird nun eine Zeit lang deine Begleiterin sein, aber du wirst nichts mehr dagegen haben, dass sie so lange bei dir sein wird, wie es nötig ist. Morgens beim Aufwachen wird sie dich anlächeln und nachts beim Schlafen über deine Träume wachen.

Beim Hinabgehen kannst du spüren, dass du etwas mehr Kraft hast als auf dem Hinweg. Alles fühlt sich vertrauter und freundlicher an. Zuversicht breitet sich aus und neuer Mut begleitet dich die Stufen hinab zu der Turmtür. Du zählst von 0 bis 10. 0 – 1 – 2 – 3 – 4 – 5 – 6 – 7 – 8 – 9 – 10. Nun bewegst du langsam deine Hände und Füße, deine Arme und Beine, deinen Kopf zu einem Nicken und öffnest langsam deine Augen. Du siehst dich um und auch hier erscheint dir alles ein wenig freundlicher. Vielleicht hast du während deiner Reise einen Gedanken gefasst, den du gleich umsetzen oder aufschreiben möchtest. Das kannst du nun tun. Danach werden sich neue Schritte und neue Wege für dich in dem Tempo, wie es für dich richtig ist, eröffnen.

Kapitel 5: Herzbewegungen

Solange wir unser Leben mit unserem geliebten Mann teilten, gab es zwar nicht nur, aber sehr viel Schönes, Wunderbares, das unser Herz bewegte. Herzbewegungen können, wenn wir lieben, sehr intensiv sein. Stirbt dann der Mensch, dem unsere Liebe gilt und der uns geliebt hat, kann das Herz so in Bewegung geraten, dass es sich anfühlt, als würde es brechen.

Nach dem Tod eines geliebten Menschen durchleben wir in unseren Gedanken und Gefühlen nicht nur immer wieder die gemeinsam verbrachten Jahre, sondern ganz besonders die letzte miteinander durchlebte Zeit vor dem Tod. Dabei macht es meiner Erfahrung nach keinen Unterschied, ob der Tod des Lebensgefährten überraschend eintrat und man sich nicht verabschieden konnte oder ob er aufgrund einer Krankheit für Sie und Ihren Mann vorhersehbar war. Bei nahezu allen Betroffenen kreisen die Gedanken und Gefühle immer wieder um die letzten gemeinsamen Wochen, Tage und Momente. Manche dieser Gedanken begleiten uns auch nach Jahren noch. Und so schwer erträglich diese Herzensbewegungen anfangs erscheinen, manche können uns auch stärken solange wir leben.

Das gebetsmühlenartige Durchlaufen der letzten miteinander erlebten Zeit ist ein Ausdruck davon, dass unser

Herz zu einem großen Teil für den geliebten Mann geschlagen hat und immer noch schlägt. Auch wenn wir uns nicht immer in vollkommener Harmonie mit ihm befunden haben, war ein großer Teil unseres Selbst darauf ausgerichtet, dass es dem anderen gut geht. Auch wenn dieser geliebte Mensch nun nicht mehr da ist und wir nichts mehr für ihn tun können, schlägt unser Herz noch für ihn mit. Viele trauernde Frauen bemühen sich sogar darum, gerade jetzt ihr Herz ganz besonders für ihren verstorbenen Mann schlagen zu lassen, um die Verbundenheit mit ihm zu erhalten. Nicht umsonst heißt es, dass die Liebe über den Tod hinausgeht. Niemand hat ihr Herz so bewegen können und dürfen, wie es ihrem Partner möglich war, und umgekehrt war es genauso. Allerdings konnten sie sich zu seinen Lebzeiten immer wieder vergewissern, dass das Wunder der Liebe, das sie beide verband, real war. Jetzt, wo ihr Gegenüber nicht mehr da ist, fehlt ihnen die Möglichkeit der Überprüfung. Also kreisen ihre Gedanken und sie suchen nach Bestätigung für die gelebte Liebe und danach, wie sie diese zum Ausdruck bringen können, obwohl sie nun alleine weiterleben müssen. In den meisten Fällen kommt hinzu, dass die Hinterbliebenen sich fragen, ob sie auch wirklich alles dafür getan und gesagt haben, dass ihr Partner sich auch ihrer Liebe absolut sicher sein konnte.

Persönliches Erleben

An dieser Stelle möchte ich Ihnen davon erzählen, wie es mir erging, als mein Lebenspartner Tom starb. Inzwischen habe ich in der Trauerbegleitung erfahren, dass es mir offenbar ähnlich wie vielen Frauen ging. Ich hoffe, dass meine Erfahrungen und die anderer Frauen Sie ermutigen können, die Herausforderungen der ersten Trauerzeit zu bestehen.

Vor Toms Tod hatten wir eine sehr schwere Zeit, denn wir wussten, dass er sterben würde. Ich war mir dessen immer bewusst, er nur manchmal. Dass er in der Lage war, seinen Tod zu verdrängen, empfand ich als große Gnade für ihn und ich respektierte das. Mich belastete es sehr, nicht über das, was kommen würde, sprechen zu können; ich war auf die wenigen Momente angewiesen, in denen er die Wahrheit nicht nur spürte, sondern auch dazu bereit war, darüber zu sprechen, und selbst damit anfing. In einem dieser seltenen Augenblicke brach aus ihm dieser Satz heraus: »Ich weiß gar nicht, wie ich ohne dich im Himmel leben soll.«

Dieser ergreifende Satz und bewegende Moment hat selbst nach inzwischen über zwölf Jahren niemals seine Wirkung auf mich verloren. Er beinhaltet unendlich viel Liebe.

Gleichzeitig spricht aus diesen Worten auch eine enorme Hilflosigkeit und Überforderung. Zwar denke ich heute nicht mehr ständig daran, gelange aber immer wieder an diese Stelle, denn es gab und gibt keine Lösung für dieses Problem, dafür, dass er »ohne mich im Himmel« ist. Vielleicht können sich meine Gefühle dazu ändern, wenn sich mein Leben irgendwann einmal ebenfalls dem Ende zuneigt. Aber bis dahin ist Tom sicherlich nicht alleine, wo er ist, aber eben ohne mich. Und ich bin hier ohne ihn, auch wenn ich hier nicht alleine zu sein brauche.

Alleine weiterleben, das kostet uns ohnehin jeden Tag viel Kraft, hinzu kommt die Sorge, dass wir einfach nicht wissen können, wo der andere sich nun befindet und ob es ihm gut geht. Wenn der Partner auf Dienstreise oder anderweitig fernab von uns unterwegs war und wir eine Zeit lang nichts von ihm hörten, vielleicht weil der Flug sich verspätet hatte oder der Akku leer war, konnten uns schon wenige Stunden der Unwissenheit an den Rand der Verzweiflung bringen. Jetzt, wo der Partner auf Dauer irgendwo ist, wo wir ihn nicht mehr erreichen können, fehlt uns jegliche Gelegenheit, uns zu vergewissern, dass es ihm gut geht. Und natürlich fehlt es uns, dass auch er nicht mehr für uns da sein kann. Darin fühlen wir uns in der ersten Zeit nach dem Verlust regelrecht gefangen.

Ich habe diese Zeit durch die Gewissheit, dass die Liebe weiterlebt, überstanden. Ich habe bereits erwähnt, dass sich meine Mutter das Leben genommen hat, als ich 15 Jahre alt war. Einerseits kam durch Toms Tod auch dieser Verlust für mich noch einmal mit aller Wucht zum Tragen. Aber andererseits wusste ich durch den frühen und dramatischen Tod meiner Mutter, dass die Liebe weiterlebt, egal, was kommt. Das hat mich durch die schlimme Zeit nach Toms Tod getragen.

Ich bin ein überaus lebensfroher Mensch. Doch dieses wunderbare Gefühl, gerne am Leben zu sein, ist mir in der Trauerzeit für eine lange Zeit tatsächlich abhandengekommen. Ich hätte nie für möglich gehalten, dass es so sein könnte, aber so war damals meine Realität. Das erzähle ich Ihnen hier, um Sie wissen zu lassen, dass auch ich diese tiefste Verzweiflung durchschritten und sie überlebt habe. Mittlerweile darf mein Herz auch im Hier und Jetzt wieder glücklich sein und ich kann mich des Lebens freuen. Ich weiß noch genau, wie erleichtert ich die ersten Male war, als sich wenigstens kurzzeitig meine Lebensfreude wieder zeigte. Anfangs war sie schnell wieder verschwunden, aber nach und nach kam sie häufiger und sie blieb auch länger, bis sie sich schließlich wieder ganz bei mir einnistete, und offenbar fühlt sie sich auch wieder wohl bei mir.

Meine Lebensfreude habe ich bis zu Toms Tod als Selbstverständlichkeit wahrgenommen. Heute feiere ich sie jeden Tag. Ich verteidige sie auch mehr als früher, wenn jemand anderer nicht gut damit umgeht. Viele meiner Klientinnen erleben das ähnlich und wir stellen immer wieder gemeinsam fest: Unsere Geduld und Liebe für die schönen und wirklich wichtigen Dinge ist größer und die »Zündschnur« für Störungen deutlich kürzer geworden. Wir sind zufrieden mit dieser Entwicklung, auch wenn die Umstände, durch die es dazu gekommen ist, für uns niemals hinnehmbar sein werden.

Es ist unendlich traurig, dass unsere Partner ihre Leben nicht weiterführen durften, aber dennoch oder gerade deshalb sollten wir, die noch hier sind und unser Leben in unseren Händen halten, unsere Leben, so gut es uns möglich ist, formen und auch genießen – angefüllt mit all der Liebe, die uns geschenkt wurde.

Der letzte innige Kontakt

Als Trauerbegleiterin wird mir von vielen Menschen sehr viel Vertrauen entgegengebracht. Oft werde ich gefragt, wie ich es schaffe, so viel Trauer und Leid auszuhalten. Zwar weiß ich, wie diese Frage gemeint ist, aber ich verstehe sie nicht wirklich. Denn jeder Trauernde, der zu mir kommt, hat eine große Liebe verloren. Auch wenn der Verlust nicht auszuhalten und unwiederbringlich ist, wurden alle Menschen, die zu mir kommen, geliebt und sie haben geliebt. Diese Liebe war so stark, dass sie auch nach dem Tod andauert und sie nach Hilfe suchen, um diese Liebe weiterleben zu dürfen. Natürlich spüre ich in der Begleitung dieser Menschen sehr viel von der Trauer, aber ich darf auch jedes Mal Zeugin einer großen Liebe werden. So färbt nicht nur die Trauer, sondern auch die Liebe auf mich ab, wofür ich sehr dankbar bin.

Die Frauen, die zu mir kommen, vertrauen mir auch ihre letzten und intimsten Momente, die sie mit ihrem geliebten Mann hatten, an. Diese sind so unterschiedlich, wie wir unterschiedliche Individuen sind und ganz verschiedene Beziehungen führen. Was sich gleicht, ist, dass diese bewegenden letzten gemeinsamen Augenblicke vor allem durch eine tiefe Liebe getragen werden, die eine Art Nähe möglich macht, wie wir sie im Alltag nicht kennen. Auch dies trägt dazu bei, dass für viele Menschen nach diesem Erleben nichts mehr ist wie zuvor. Es verändert uns. Dieser letzte gemeinsame Moment, den wir dabei sein durften, als der geliebte Mann sich im Übergang befand und starb, wird von vielen Frauen als heilig bezeichnet. Haben wir einmal so etwas erlebt, fühlen wir uns vorerst in der Umgebung von Menschen, die diese Erfahrung noch nicht gemacht haben, als Fremde.

Manchen von uns ist es nicht vergönnt, beim Übergang vom Leben zum Tod dabei sein zu dürfen, oder diese Momente waren alles andere als innig und überhaupt nicht so, wie wir sie uns vorgestellt oder gewünscht hatten.

Mir wird sehr viel darüber erzählt und unabhängig davon, ob dieser Moment stimmig oder dramatisch war, alle zweifeln, ob sie alles richtig gemacht haben: Gab es noch etwas, was ich hätte tun oder sagen können? War ich vielleicht zu unaufmerksam? Zu sehr von Angst und Überforderung blockiert? Wie kann ich Gewissheit erlangen, dass es reicht, dass ich mein Bestes getan habe?

Solche Fragen kommen auch auf, wenn der Betreffende im Krankenhaus oder im Hospiz gestorben ist oder zu Hause eine ambulante Sterbebegleitung zur Stelle war. Wenn diese vertrauensvollen Gespräche stattfinden, bin ich manchmal erstaunt darüber, dass sogar eindeutig gut verlaufene Abschiede solche Zweifel hinterlassen können, und der Schmerz der Betroffenen berührt mich immer sehr. Uns bleibt nur, demütig anzuerkennen, dass es sich, wenn es um den Übergang vom Leben zum Tod geht, um Situationen handelt, die weitaus größer sind als wir selbst. Es ist nicht verwunderlich, wenn bei uns der Eindruck entsteht, unsere Handlungsweisen seien nicht ausreichend gewesen. Wir sind nur Menschen und egal, wie kraftvoll, voller aufrichtiger, tiefer Liebe, Mut und Perfektion wir sind, es ist uns nicht gegeben, den Tod nach unseren Wünschen zu formen.

Mit der Zeit gelingt es uns, dies anzuerkennen und zu akzeptieren. Und ich möchte Sie, liebe Leserin, so wie ich es in meinen Trauerbegleitungen tue, dazu anregen, den letzten stimmigen innigen Kontakt ebenso in Ihrer Erinnerung wachzuhalten, wie die letzten Lebensmomente. Das kann so ein Satz sein, wie Tom ihn mir für mein Leben geschenkt hat. Das kann ein Blick, eine Berührung sein. Darin können Sie Kraft und Halt finden.

Unleidlichkeit in der Sterbezeit

Mein Lebenspartner Tom starb an Krebs und gegen Ende seiner Leidenszeit war sein ganzer Körper durchsetzt davon. Auch sein Gehirn war betroffen und das machte sich in unserer letzten gemeinsamen Zeit für uns beide schmerzhaft bemerkbar. Das hatte ich mir vorher anders vorgestellt, ich war darauf nicht vorbereitet und ich hatte währenddessen und auch noch lange nach seinem Tod mit seelischen Verletzungen zu kämpfen, die in dieser Zeit entstanden waren. Auch andere Frauen haben mir oft unter bitteren Tränen davon berichtet, was sie in der letzten gemeinsamen Phase mit ihrem kranken oder altersschwachen Mann erdulden mussten. Wir konnten uns nicht dagegen wehren, denn der Partner konnte ja auch nichts dafür. Eine schwere Krankheit macht unter Umständen vor nichts Halt, ergreift von allem Besitz, beeinflusst das Empfinden und Verhalten des Betroffenen und eben auch die nahestehenden und insbesondere die geliebten Personen in seinem Umfeld.

Tom hatte schon Krebs, als wir zusammenkamen. Damals hatte ich keine Ahnung über diese Krankheit. Obwohl ich heute mit all meinem Wissen die gleiche Entscheidung treffen würde, mit ihm trotz der Krankheit zusammen sein zu wollen, würde ich mehr Respekt dieser Krankheit gegenüber an den Tag legen. Ich habe keine Illusionen mehr darüber, wie liebevoll ich so einen Abschied und die letzte Zeit davor gestalten könnte. Ich weiß: Das liegt nicht allein in meiner Hand und auch nicht in den Händen professioneller Begleiter. Oft fühlen wir uns deshalb verletzt, weil etwas passiert, was wir uns ganz anders vorgestellt haben. Unsere Erwartungen werden enttäuscht. So ging es auch mir damals. Ich hatte eine gänzlich falsche Vorstellung davon, wie es sein würde, jemanden, der so krank ist, auf seinem letzten Weg zu begleiten. Der Krebs übernahm irgendwann meinen Liebsten und regierte gnadenlos über unser Leben. Natürlich wünschte ich mir mit jeder Faser meines Seins etwas anderes und war bereit, alles zu tun, um das auch doch noch irgendwie besser hinzubekommen. Aber es gelang mir einfach nicht.

Hätte ich es heute noch mal mit einer vergleichbaren Situation zu tun, hätte ich andere Erwartungen, und ich würde es nicht persönlich nehmen und versuchen, mich nicht verletzt zu fühlen, wenn sie sich nicht erfüllen. Ob es mir wohl gelänge? Oder bräuchte ich wieder viel Zeit, um es zu akzeptieren, dass Krankheit, Schmerzen und Schwäche einen Menschen verändern können? Es ist sehr verletzend, wenn ein Mensch, den man sehr liebt, emotional nicht mehr erreichbar ist, obwohl er noch atmet, spricht und isst. Wenn Krankheit und Tod den geliebten Mann fest im Griff haben, kann es sein, dass sie ihn auch nicht für eine Sekunde und schon gar nicht für die Liebe wieder loslassen.

Mussten Sie dieses auch erfahren, so ist es wichtig, zu verstehen, das Geschehene nicht persönlich zu nehmen. So können Sie die Gefühle der Verletzung nach und nach abstreifen und wieder in die Selbstliebe kommen.

Sprechen Sie auch mit anderen über Ihr Erleben – ganz ohne Scham. Ich weiß, wir scheuen uns davor, etwas Schlechtes über unseren geliebten Verstorbenen zu sagen, insbesondere wenn er am Ende seines Lebens so furchtbar zu leiden hatte. Verstehen wir aber, warum es trotz aller Liebe auch sehr verletzende Situationen gab, dürfen wir mit gutem Gewissen unsere verletzten Herzen erleichtern. Der Austausch mit Menschen, die dieses auch erfahren mussten, kann Ihnen helfen, nach und nach mit allem, was Sie an Verletzungen, Ungerechtigkeiten oder auch Beleidigungen und Lieblosigkeiten in dieser letzten Zeit erlebt haben, in Frieden zu kommen.

Alte Wunden

Tod und Trauer lassen Erinnerungen wieder aufleben – auch die an alte Verletzungen. Selbst wenn wir uns wünschen, dass unsere Herzen großzügig auf Verletzungen reagieren, gelingt das in den wenigsten Fällen. Denn häufig werden die Verletzungen nicht ausreichend gewürdigt, weder von uns selbst noch von denjenigen, die sie verursacht haben. So kann es geschehen, dass alte Wunden immer weiter still vor sich hin bluten, was wir oft nicht einmal wirklich bemerken, denn aus dem Wunsch heraus, eine bessere Version von uns selbst zu sein, versuchen wir, Dinge, die uns zugefügt wurden, auszublenden. Vielleicht fürchten wir auch mögliche Konsequenzen. Spüren wir uns in den bevorstehenden Konflikt oder in die Angst sogar vor einer möglichen Trennung hinein, reden wir uns lieber ein, dass die Verletzung gar nicht so schlimm war, und versuchen, sie ohne großes Aufsehen und ohne Auseinandersetzung alleine und im Stillen zu bewältigen. Am liebsten beachten wir solche Wunden gar nicht mehr.

So kann es passieren, dass nach dem Tod des geliebten Menschen von ihm zugefügte alte Wunden aufbrechen. Wir leiden nun wieder heftig unter ihnen, zumal der richtige Ansprechpartner dafür nicht mehr da ist. Was können wir also tun, wenn diese alten Wunden wieder in unser Bewusstsein gelangen? – Falls es Ihnen so ergeht, sollten Sie sich darauf einstellen, dass es für eine nachhaltige Lösung vielleicht eines längeren Prozesses bedarf. Sie haben das Thema ja nicht grundlos verdrängt, es hat Sie zuvor bereits überfordert und mit der Zeit wird es eben nicht leichter, sich mit altem Groll zu befassen. Gehen Sie auch hier den Weg der kleinen Schritte. Sie können vielleicht damit beginnen, alles aufzuschreiben, was Ihnen über die damaligen Ereignisse im Gedächtnis geblieben ist. Manchmal hilft es schon, nicht mehr auszublenden, was an die Oberfläche drängt. Dabei geht es weniger darum, die genauen Umständen wieder aufleben zu lassen, sondern vielmehr darum, dass Sie sich dem Schmerz zuwenden, den Sie erfahren haben und wieder spüren. Es kann tatsächlich eine Lösung bedeuten, wenn wir uns unserem Schmerz stellen. Der Schmerz wird allzu häufig übersehen und übergangen. Aus der Psychologie wissen wir, dass wir auf diese Weise selbst dazu beitragen, dass Verletzungen so nie zur Ruhe kommen und sie wie ein Bumerang immer ihren Weg zurück zu uns finden. Die Tatsache, dass der Schmerz uns immer wieder einholt, weist darauf hin, dass nur wir die Person sein können, die lernen kann, damit zurechtzukommen und Frieden einkehren zu lassen. Nur jeder selbst kann seinen Schmerz gebührend anerkennen und würdigen.

Wenn Sie sich entschließen, sich altem Schmerz zu stellen und ihn auszuhalten, können Sie sich der Angelegenheit, wie bei einer Zwiebel, die einem ebenfalls die Tränen in die Augen treibt, Schicht für Schicht in aushaltbaren Portionen nähern. Fühlen Sie sich damit überfordert, dann holen Sie sich Hilfe. Lassen Sie es nicht zu, dass die alte Verletzung Sie weiterhin unter Kontrolle hält, sorgen Sie behutsam und in Ihrem Tempo gut für sich und Ihre Seelenhygiene.

Vergeben ist ein Prozess

Vergebung ist auch gegenüber Menschen möglich, die nicht mehr leben, also auch gegenüber Ihrem verstorbenen Mann. Vergebung ist vorrangig ein innerer Prozess, und Sie selbst können dafür sorgen, dass er in angemessener Weise und in einem moderaten Tempo verläuft, dem Sie auch wirklich folgen können. So könnte der Beginn eines Vergebungsprozesses statt »Ich vergebe dir« entsprechend der aktuellen Gefühle lauten: »Ich würde dir gerne vergeben, weiß aber gerade überhaupt noch nicht, wie.« Ein ehrlicher Anfang könnte auch folgende Worte beinhalten: »Ich sollte dir vergeben, damit es mir besser geht, aber ich bin dafür einfach noch zu wütend auf dich.« Oder: »Ich weiß, ich sollte dir vergeben und Verständnis für dein Handeln haben, aber zuerst brauche ich ausreichend Zeit dafür, für meine Verletzung angemessenes Mitgefühl zu empfinden.« Vielleicht ist ein guter erster Schritt, Ihren derzeit stimmigen Anfangssatz zu suchen.

Führen wir uns zudem kurz vor Augen, was Vergebung nicht ist, damit Sie keine übermenschlichen Ansprüche an sich selbst stellen:

- Vergebung bedeutet nicht, das Vorgefallene zu vergessen.
- Vergebung relativiert nicht die Verantwortung für das Vorgefallene.
- Das Vorgefallene wird durch Vergebung nicht akzeptiert.

- Aus Vergebung resultieren weder Billigung noch Zustimmung. (Und bei Vergebung gegenüber Lebenden: Aus Vergebung erwächst auch keine Straffreiheit.)
- Vergebung rechtfertigt, erklärt oder mindert die Tat nicht.

Entscheidend ist: Um Vergebung kann nur gebeten, sie sollte niemals eingefordert werden, sie kann nicht aus einem inneren oder äußeren Druck gewährt werden. Vergebung kann nur aus freiem Willen erfolgen.

Vorwürfe, die man lieber ungesagt machen würde

Auch in den liebevollsten Beziehungen kommt es vor, dass uns im Streit Bemerkungen herausrutschen, die wir nicht so meinen. Manchmal ist es allerdings genau so gemeint wie gesagt, wir bekommen allerdings erst später mit, wie verletzend es für den anderen war. Warum wir in der einen oder anderen Situation meinen, mit dem Rücken zur Wand zu stehen, und kaum in der Lage sind, angemessen auf eine Konfliktsituation zu reagieren, liegt oft tief in unserem Inneren verborgen, beruht manchmal auf früheren Erfahrungen, manchmal auch auf unserer Erziehung. Nach dem Tod des Lebensgefährten kann es sein, dass wir auf eine ganze Reihe wiederkehrender Streits sowie Rücksichtslosigkeiten und Ungeduld unsererseits zurückschauen müssen. Nun können wir unser Verhalten nicht mehr ändern, haben ein schlechtes Gewissen, weil wir zu oft verletzend, genervt oder haltlos reagiert haben. Jetzt, wo der geliebte Partner verstorben ist, kommt es zu einem Phänomen, von dem mir viele meiner Klientinnen berichten: Sie beginnen sogar die wirklich schlechten Angewohnheiten und Verhaltensweisen ihres Partners zu vermissen. So kann es zu erheblichen Umdeutungen der Ereignisse und Umbewertungen des Umgangs damit kommen. Das kann zu einem emotionalen Eigentor für Sie führen. Weil Sie besonders gerecht und liebevoll dem Verstorbenen gegenüber sein möchten, gehen Sie mit sich selbst viel härter ins Gericht, als Sie es verdient hätten oder der Verstorbene selbst es getan hätte. Dabei wissen Sie, dass es natürlich in jeder Beziehung, sei sie auch noch so nah und vertrauensvoll, zu Auseinandersetzungen und Äußerungen kommt, die in der Rückschau nicht mehr nachvollziehbar sind. Ja, Sie möchten den Verstorbenen im besten Licht sehen, aber stellen Sie sich dafür nicht ins Dunkle.

Hätte ich nur öfter gesagt, wie sehr ich ihn liebe

Nach dem Tod ihres geliebten Lebensgefährten grübeln viele Frauen immer wieder über die vielen verpassten Chancen nach, ihm zu sagen, wie sehr sie ihn lieben: Sie meinen, ihm nicht genügend gezeigt zu haben, was sie an ihm schätzen, seine Fähigkeiten nicht anerkannt zu haben, ihm nicht das Gefühl gegeben zu haben, ihn so zu lieben, wie er ist. Sie werfen sich womöglich vor, ihn mehr kritisiert als gelobt zu haben. Selbst wenn Frauen auf eine Beziehung zurückschauen, in der die Liebe und die Anerkennung des Gegenübers gut gelingen durfte, kann im Nachhinein das Gefühl entstehen, die Liebe nicht hinreichend bekräftigt und bewiesen zu haben. Das kann damit zusammenhängen, dass der Verstorbene, unabhängig davon, wie alt er geworden ist, für die Person, die ihn liebt, immer zu früh gestorben ist, denn Liebe richtet sich immer ins Unendliche. In dem Moment, in dem wir dem Geliebten nicht mehr unsere Liebe zum Ausdruck bringen können, entsteht ein Stau, es ist noch so viel da, was wir ihm hätten sagen wollen, und es wird immer mehr. Daraus wächst die Empfindung, dass wir nicht oft genug gesagt und gezeigt haben, wie sehr wir diesen Menschen lieben.

Seien Sie getrost: Bestimmt haben Sie Ihrem Liebsten auf die Weise und in der Häufigkeit, wie Sie zu Ihrer Beziehung passte, gesagt und gezeigt, dass Sie ihn lieben. So war es stimmig, so war es genug – solange Ihr Mann lebte. Hätten Sie noch so viel mehr Zeit gehabt, es könnte niemals genug für alle Ihre Liebeserklärungen sein, die sich in Ihrem Herzen für ihn angesammelt haben und weiter sammeln. Bewahren Sie all die Liebe in Ihrem Herzen. Ich bin davon überzeugt, dass unsere geliebten Menschen unsere Liebe auch jetzt noch spüren können, wo auch immer sie sich befinden.

Affirmation

Auch wenn ich den Schmerz alter Verletzungen noch spüre, bin ich mit meinem Herzen bei dir und auch bei mir.

Kapitel 6: Mögliche Reaktionen anderer und der Umgang damit

Wir sind alle mehr oder weniger stark auf unsere Rollen festgelegt. Das kann im alltäglichen Miteinander sehr hilfreich sein: Wir wissen, was wir voneinander erwarten können, und können in vielen Belangen treffsicher vorwegnehmen, wie andere wahrscheinlich agieren und reagieren. Laden wir zu einer Feier ein, können wir leicht die passende Sitzordnung herstellen, wenn wir ins Konzert oder Kino gehen wollen, wissen wir genau, wen wir ansprechen, ob er Lust hat, uns zu begleiten. Aber alle haben wir auch schon die Erfahrung gemacht, dass es schwer sein kann, von dem, was andere erwarten, abzuweichen. Schon kleine Veränderungen, beispielsweise wenn wir eine Diät machen oder Weihnachten mal nicht wie sonst im Familienkreis verbringen, können auf andere verunsichernd wirken. Jeder hat die Irritation schon einmal bei sich selbst festgestellt, beispielsweise bei einem Berufs- oder Ortswechsel eines Freundes oder infolge einer Trennung oder Scheidung im Bekanntenkreis.

Stirbt ein geliebter Mensch, ist nicht nur für die Nahestehenden alles anders, sondern auch für deren Freunde und Bekannte. Die Menschen in Ihrem Umfeld sehen Sie plötzlich anders, Sie sind im Moment nicht mehr die starke Person, die Sie vor Kurzem vielleicht noch waren. Waren Sie bis jetzt die Partnerin des Verstorbenen, so sind sie nun allein. Ihr Umfeld reagiert darauf aus Angst und Überforderung möglicherweise zum Teil sehr merkwürdig und verständnislos. Tatsächlich ist es oft so, dass Familienmitglieder, Freunde, Kollegen und Nachbarn Sie nach dieser grundlegenden Veränderung noch nicht einordnen können und keine Wege finden, zu helfen, obwohl sie es vielleicht wollen.

Erzählungen meiner Klientinnen in der Trauerbegleitung machen mich oft sprachlos; es geschehen immer wieder schlimme Verletzungen. Doch wird Trauernden von vielen Seiten auch ganz selbstverständlich Mitgefühl und Unterstützung zuteil. Wenn dem nicht so ist, ist das erschütternd. Doch wie können wir dieses Verhalten einordnen und was können wir tun, damit wir besser damit zurechtkommen? Darum geht es in den folgenden Abschnitten.

Einen Hinweis möchte ich vorab geben: Es kann insbesondere in der ersten Zeit nach dem Tod Ihres Mannes sein, dass es viele wohlgemeinte und liebevolle Angebote gibt, Sie aber mit diesen – noch – gar nichts anfangen können. Sie sind vielleicht noch nicht in der Lage, klar zu denken und Ihre Bedürfnisse wahrzunehmen. Daher ist es für Sie schwer, sagen zu können, was Sie gerade benötigen oder wie man Ihnen helfen kann. Die Menschen in Ihrem Umfeld spüren wahrscheinlich Ihre Unsicherheit und das verunsichert sie wiederum. Oder Sie werden mit manchen Hilfen schlicht überfahren. Versuchen Sie, anderen klar zu signalisieren, wie es um Sie steht: »Ich weiß selbst gerade noch nicht, was ich brauche. Sobald ich es weiß, werde ich es euch sagen. Ich hoffe, Ihr seid dann bereit, für mich da zu sein.« So können Sie ernstgemeinten und selbstlosen Angeboten wertschätzend begegnen, aber möglicherweise auch den einen oder anderen Besserwisser oder Bestimmer fernhalten.

Mit den Reaktionen der Familie umgehen

Sie haben Ihren Mann verloren und es steht Ihnen zu, sich in erster Linie um sich selbst zu kümmern, es sei denn, Sie haben noch kleine Kinder; damit haben wir uns in Kapitel drei befasst. In jedem Fall sollten Sie nun jedoch viel Zeit und Raum für sich selbst, für Ihre Gefühle und Ihre Trauer haben. Nehmen Sie sich diese, auch wenn andere ihre Bedürfnisse anmelden. Vielleicht möchte Ihre Tochter oder der Bruder Ihres Mannes Erinnerungen erzählen, aber Sie sind gedanklich gerade ganz woanders. Dann sagen Sie dies möglichst, zeigen Sie sich offen, zu einem anderen Zeitpunkt das Gespräch aufzunehmen. Erklären Sie (sehen Sie dazu ebenfalls Kapitel drei), dass man zurzeit wohl davon ausgehen muss, dass nicht alle gleichzeitig die gleichen Wünsche haben.

Es kann sein, dass andere nahestehende Verwandte, Geschwister des Verstorbenen oder auch Ihre Kinder, anders mit ihrer Traurigkeit umgehen, als es gerade Ihr Bedürfnis ist. Sie möchten sich vielleicht in Aktivität retten, Dinge organisieren, sich womöglich viel früher als Sie mit dem Erbe befassen oder Ihre vertraute Umgebung verändern. Da können viel schneller, als Sie es sich wünschen und es Ihnen guttut, Dinge geschehen und entschieden werden, die Sie dann nicht mehr rückgängig machen können. Ich höre oft von Frauen, dass sie sich in dieser Weise von nahen Verwandten bedrängt oder überfordert fühlen.

Hier hilft es, sich einen Satz zurechtzulegen, mit dem Sie sich auch in kraftlosen Momenten gegen Übergriffe, und seien Sie auch als Hilfestellung gemeint, zur Wehr setzen können. »Nein, danke. Ich bin noch nicht so weit. Wir können später darüber sprechen.«

In manchen Fällen führen unterschiedliches Umgehen mit der Trauer und gegenläufige Interessen zu harten Auseinandersetzungen und auch zu Erbstreitigkeiten. Das ist für betroffene Witwen ein Albtraum und besonders schwer zu verstehen, wenn Menschen dies betreiben, von denen man es nie erwartet hätte. Zum Verlust kommen dann schwerwiegende menschliche Enttäuschungen hinzu. Falls Sie davon betroffen sind, hoffe ich, dass es Ihnen gelingt, sich frühzeitig Unterstützung von Menschen Ihres Vertrauens, aber auch professioneller Art zu suchen. Dokumentieren Sie gegebenenfalls Angriffe, Vorwürfe und Drohungen sowie Briefwechsel und Telefonate mit Datum, Uhrzeit und Inhalt für spätere Auseinandersetzungen. Lassen Sie sich frühzeitig von einem Anwalt beraten und über Ihre und die Rechte der anderen aufklären. So gewinnen Sie Zeit und wieder Ruhe.

Stirbt das Familienoberhaupt beziehungsweise die zentrale Person in einer Familie, ist es immer spannend, wie die Angehörigen mit dem leer gewordenen Platz verfahren. Es gibt Familiensysteme, die tendenziell lethargisch reagieren: Niemand traut es sich zu oder wagt, die Führung zu übernehmen. Aber auch das Gegenteil kann der Fall sein: Mehrere Personen fühlen sich prädestiniert, verschiedene Rollen des Verstorbenen zu übernehmen, und es beginnt ein Gerangel um die frei gewordene Position. Ist Ihr Partner gestorben, ist es – vorausgesetzt, es passt zu Ihnen und Ihren Wünschen – ratsam, wenn Sie die Führung übernehmen, um einem Kampf unter gegebenenfalls erwachsenen Kindern oder Geschwistern des Verstorbenen vorzubeugen. Eine Freundin erzählte mir diesbezüglich von ihren Großeltern: Der Großvater hatte wohl in einer Vorahnung am Abend, bevor er »plötzlich und unerwartet« einen tödlichen Gehirnschlag erlitt, zu seiner Frau gesagt: »Wenn mir etwas passiert, dann triffst du die Entscheidungen, niemand anderes.«

Vielleicht möchten Sie aber auch Ihre Kinder oder jemanden aus der Familie bitten, sich in der ersten Zeit um die anstehenden Dinge zu kümmern, und dabei jedoch folgenschwere Entscheidungen ausklammern. So verschaffen Sie sich Zeit für die Gefühle und Gedanken der Trauer, für sich.

Zum Glück gibt es auch viele Familien, die es in der Ausnahmesituation, dass der Ehemann und damit der Vater und/oder Bruder oder sogar Sohn von Familienmitgliedern gestorben ist, schaffen, harmonisch und verständnisvoll miteinander umzugehen. Schön, wenn das in Ihrer Familie so ist oder vielleicht nach den ersten Wochen wieder so wird. Dann können Sie einander Kraft geben und gemeinsam die Erinnerung an den geliebten Verstorbenen lebendig halten.

Mit den Reaktionen von Freunden umgehen

Wie eingangs bereits beschrieben, kann ein so einschneidendes Ereignis wie der Tod Ihres Lebensgefährten auch Ihre Freunde verunsichern. Auch sie erleben einen Verlust, waren sie doch wahrscheinlich ebenfalls mit Ihrem Mann befreundet. Auch sie müssen mit den Gefühlen zurechtkommen. Zudem haben sie wahrscheinlich großes Mitgefühl mit Ihnen, möchten Sie unterstützen, aber sie wissen nicht, wie. Es kommt sehr häufig auch vor, dass Freunden das Verständnis für die Situation der Witwe fehlt, für die Gefühlsschwankungen und Bedürfnisse, da sie selbst einen solchen Verlust noch nicht erlitten haben. So können Missverständnisse vorkommen und Verletzungen passieren, die sicher niemand wollte.

Ich habe viele Geschichten Betroffener darüber gehört, wie beste Freundschaften durch den Tod des geliebten

Menschen einer harten Prüfung ausgesetzt werden oder sogar daran zerbrechen.

Ein Problem taucht fast regelmäßig auf, nämlich der Wunsch von Nahestehenden, dass es der Witwe wieder gut geht, wenigstens für eine kurze Zeit. Menschen, die helfen möchten, wollen dann auch sehen, dass ihre Bemühungen um die Freundin hilfreich sind. Sie möchten die Trauernde »auf andere Gedanken bringen«, womöglich schon bald wieder ein Lachen sehen, erwarten Dankbarkeit für Hilfsangebote und eine Antwort auf ihre Fragen danach, was der Trauernden guttut. Dass sie damit ihre Freundin unter Druck setzen, dass diese Wünsche an sich egoistisch sind und gar nicht deren Bedürfnissen entsprechen, entgeht den verständnislosen, hilfsbereiten Freunden.

Es kann auch geschehen, dass sich ausgerechnet eine Ihnen sehr nahestehende Person, auf die Sie meinten, sich fest verlassen zu können, nicht zur Seite steht, nicht mal die kleinsten Versuche macht. Das schmerzt und irritiert Sie natürlich. Eine Erklärung dafür ist oft, dass der Tod bei diesem Menschen alte Wunden aufreißt und er die Witwe damit nicht belasten möchte und nicht weiß, wie er anders damit umgehen könnte, als sich zurückzuziehen.

Umgekehrt wurde mir immer wieder auch erzählt, dass entferntere Freunde oder Bekannte, von denen die Trauernde es nie angenommen hätte, auf wundervoll einfühlsame Art Beistand leisten. Vielleicht steht dahinter, dass diese Menschen ebenfalls schon einen ähnlich großen Verlust verarbeiten mussten. Vielleicht treten aber auch deren Fähigkeiten, bei anderen zu spüren, was hilft, erst jetzt in der Notlage zutage.

Vielleicht machen Sie in der Trauer ebenfalls verwirrende Erfahrungen mit Ihren Freunden. Ich möchte Ihnen nahelegen, auch dann an erster Stelle an sich selbst zu denken: Sie müssen keine Erklärungen für unverständliches Verhalten finden – aber Sie können es. Sie müssen nicht mit der betreffenden Person darüber reden – aber Sie können es. Sie können auf die Freundin oder den Freund zugehen oder sich erst einmal zurückziehen. Sie können Menschen in Ihrem Umfeld erläutern, wie es Ihnen geht, und Ihre Wünsche konkret aussprechen. Oder Sie sagen vielleicht, dass alles derzeit noch sehr schwankend ist, dass Sie dankbar sind, wenn die Freunde ihre Angebote immer wieder machen, auch wenn Sie diese im Moment nicht annehmen möchten.

Wenn Sie möchten, können Sie vielleicht auch wahrnehmen, dass Sie durch den Verlust und die permanente Anstrengung, mit Ihren Gefühlen zurechtzukommen, wahrscheinlich sehr empfindlich geworden sind. Dass, solange Sie Ihren Partner nicht wiederhaben, Ihnen niemand irgendetwas recht machen kann, Sie das Leben gerade ungerecht finden und daher womöglich auch ein wenig ungerecht sind, Sie vielleicht in Ihrem großen Leid gerade übersehen, dass auch andere um den Verstorbenen trauern.

Sie können, wenn Sie die Energie dazu aufbringen, Ihren Freunden helfen, indem Sie offen darüber sprechen, was Sie sich wünschen und was Sie gerne hätten, statt darauf zu warten, dass andere Ihre Gedanken lesen können. Vielleicht kommt es so zu der Öffnung, die Sie und der andere gerade brauchen, und die Freundin oder der Freund trauen sich, über die eigenen Schwierigkeiten mit der Situation zu sprechen. Dadurch können auch Nähe und ein gutes Miteinander entstehen.

Im vierten Kapitel hatte ich ein weiteres häufiges Missverständnis zwischen Trauernden und deren Freunden und Angehörigen angesprochen: Die Trauernde möchte ihre Gedanken an den Verstorbenen, die sie ja ständig begleiten, gerne auch aussprechen, während das Umfeld dies oft eher meidet. Sie als die Witwe möchten einen kleinen Gedanken, der Ihnen gerade kam, mit anderen teilen oder ein ausführliches Gespräch über eine Erinnerung führen. Die anderen lenken eher ab, weil sie in der Fehlannahme verharren, dass Sie solche Gespräche schmerzen. So erleben Sie sehr verletzende Augenblicke, da Ihnen signalisiert wird, dass sie besser nicht über den Verstorbenen sprechen, jedenfalls nicht so oft und nicht, wenn »es gerade nicht passt«. Für Sie passt es immer, Ihr geliebter Mensch ist in Ihren Gedanken ja weiter bei Ihnen – und zwar am Anfang wohl fast durchgehend.

Ich möchte Ihnen vorschlagen, in vertraulichen Einzelgesprächen Ihren Angehörigen zu erklären, wie es Ihnen damit geht, dass Sie sich vielleicht ohnehin die ganze Zeit über traurig fühlen und viel weinen und Sie die Erinnerungen an den Toten und Gespräche über ihn nicht trauriger machen. Was Sie aber trauriger macht, ist, wenn man Ihnen durch Schweigen und Ablenken von Gesprächen über den Verstorbenen das Gefühl vermittelt, dass andere ihn schon vergessen haben, und es sich dadurch so anfühlt, als hätte es ihn nie gegeben. Sagen Sie ruhig, dass es sogar von Trauerbegleitern empfohlen wird, sich gemeinsam an den Verstorbenen zu erinnern. Zwar kann es anfangs merkwürdig erscheinen, unter Umständen auch mit einer gewissen Leichtigkeit schöne Erinnerungen wieder ins Bewusstsein zu holen. Doch es ist wichtig bei der Verarbeitung des Verlusts, sich nicht nur alleine, sondern sich auch mit anderen Menschen zu erinnern. Das schützt Sie auch vor zu starkem Rückzug und vor Gefühlen der Isolierung, was zu depressiven Stimmungen führen kann. Sie dürfen es Ihrem Umfeld durchaus zumuten, den Verstorbenen durch Gespräche weiter ein Teil Ihres Lebens sein zu lassen. Wenn Sie Ihren Freunden die Angst genommen haben, dass Sie solche Gespräche belasten, werden Sie sich wahrscheinlich auch damit wohlfühlen, ihren verstorbenen Freund in den erinnernden Gesprächen weiter in ihrer Mitte zu haben.

Kollegen und Nachbarn begegnen

Es gibt leider heutzutage außer in dörflichen Gemeinschaften und unter Mitgliedern von Glaubensgemeinschaften keine Trauerrituale mehr, an denen sich alle orientieren können.

Aufgrund von Unwissen und Hilflosigkeit aller Beteiligten können die Begegnungen von Trauernden mit Kollegen und Nachbarn wie ein Spießrutenlauf empfunden werden – von beiden Seiten. Hier mag die Überforderung noch größer sein als bei nahen Verwandten und Freunden. Sie können den anderen, vor allem aber sich selbst die Situation erleichtern, wenn Sie klar signalisieren, was Sie brauchen. Hier möchte ich Ihnen empfehlen, dies auch zu tun, wenn Sie derzeit nur wenig Kraft haben; Sie ersparen sich damit unter Umständen vieles. Statt mit allen relativ entfernt stehenden Menschen einzeln darüber sprechen zu müssen, können Sie eine Kollegin und eine Nachbarin bitten, Ihre jeweiligen Wünsche weiterzugeben.

Möchten Sie beispielsweise, dass die Kollegen von Beileidsbekundungen absehen, oder wünschen Sie im Gegenteil gerne schon bald wieder Kontakt mit ihnen, obwohl sie noch nicht wieder arbeiten, so können Sie vielleicht eine Lieblingskollegin bitten, dies im Unternehmen weiterzugeben. Vielleicht möchten Sie lieber einer Nachbarin mitteilen und sie bitten, es in der Nachbarschaft weiterzutragen, wenn Sie noch keine Einladungen erhalten möchten, dass es Ihnen bei Treffen auf der Straße durchaus recht ist oder eben nicht, auf den Verstorbenen angesprochen zu werden. Denken Sie daran: Das ist zwar vielleicht ein ungewöhnliches Vorgehen, aber Sie helfen damit auch Ihren Kollegen und Nachbarn aus der üblichen Hilflosigkeit und Verunsicherung gegenüber Trauernden heraus.

Mit den Reaktionen anderer Männer umgehen

Es kann durchaus sein, dass ein Freund oder jemand aus Ihrem Bekanntenkreis, der Gemeinde oder dem beruflichen Kontext Sie eines Tages mit anderen Augen anschaut als früher. Er sieht Sie vielleicht nicht mehr in erster Linie als die Frau des Verstorbenen, sondern als mögliche zukünftige Partnerin. Sehr häufig erzählen mir Trauernde von solchen Erfahrungen und davon, dass sie gar nicht wissen, wie sie damit umgehen sollen. Es ist ihnen zu früh, unangenehm, stört eventuell sogar Trauergefühle – ist einfach unerwünscht. Wenn Ihnen das ebenfalls geschieht und einfach die Zeit noch nicht reif ist dafür, dann schützen Sie sich selbst und den betreffenden Mann am besten durch Offenheit vor Verletzungen. Ich habe bisher noch nicht gehört, dass ein Mann damit nicht verständnisvoll umgegangen wäre.

Auch wenn Sie es sich zurzeit gar nicht vorstellen können, kann irgendwann der Zeitpunkt kommen, dass Sie nicht mehr alleine sein möchten und sich von sich aus wieder vor die Tür wagen. Doch möglicherweise haben Sie seit Jahrzehnten keinen Mann mehr »gedatet«, keine Verabredung zum Kennenlernen mehr getroffen, vielleicht war Ihr verstorbener Mann sogar Ihre erste große Liebe. So haben Sie möglicherweise andere Vorstellungen, als die Realität sie Ihnen zu bieten hat.

An dieser Stelle möchte ich zunächst an Ihre Vorsicht und ein gesundes Misstrauen appellieren. Denn als alleinstehende Frau, ganz besonders wenn Sie eine langjährige

Beziehung hatten, kann es gut möglich sein, dass Sie nicht wohlgesonnenen Männern als leichte Beute erscheinen. Es gibt leider viele Betrüger, die vorgeben, nette, attraktive, gut situierte Witwer und an einer ernsthaften Beziehung interessiert zu sein, aber tatsächlich systematisch versuchen, unter einem Vorwand eine Witwe dazu zu verleiten, ihnen »nur für ganz kurze Zeit« Geld zu leihen ... Diese knüpfen oft den ersten Kontakt über Partnerschaftsanzeigen, sei es in Zeitungen oder im Internet und dort sogar auf bezahlten Partnervermittlungsseiten, da es eben fast unmöglich ist, in den ersten Schritten Menschen mit Betrugsabsichten von jenen, die ehrlich auf Partnersuche sind, zu unterscheiden.

Im Internet ist es zu einem regelrechten Geschäft geworden, einsame Frauen finanziell auszunutzen. Bleiben Sie also hellwach, egal, wie sehr Sie sich wünschen, dass es sich bei Ihrem neuen Verehrer um einen wirklich liebevollen Menschen handelt.

Etwas mehr Sicherheit können Sie haben, wenn Sie sich mit Personen verabreden, die Ihrem direkten oder entfernteren Umfeld bekannt sind oder die Sie vielleicht bei einer Unternehmung oder im Rahmen eines Kurses kennengelernt haben. Auch wenn ein Mann, den Sie vielleicht über Bekannte bereits getroffen haben, Sie um eine Verabredung bittet, haben Sie jedenfalls keinen völlig Unbekannten vor sich.

Machen Sie Ihre ersten Schritte jedenfalls langsam und behutsam. Berücksichtigen Sie auch, dass möglicherweise Gefühle von Einsamkeit und ein starker Wunsch, nicht mehr allein zu sein, Sie sehr schnell ein vielleicht zu positives Bild von einem neuen Bekannten zeichnen lässt.

Doch eines Tages werden Sie wahrscheinlich wirklich bereit für eine neue Liebe sein und diese auch finden. Wie Sie diesen neuen Weg gut beschreiten, darauf gehe ich näher in Kapitel elf ein.

Feste und Feiern mit Freunden, die noch ihren Partner bei sich haben

Von Geburtstagen über Grillpartys, Einschulung, Konfirmation und Kommunion bis zu Hochzeiten lauern diverse Einladungen für Feste auf Sie, zu denen Sie bisher meistens mit Ihrem geliebten Partner gegangen sind.

Es muss nicht immer so laufen, aber gerade bei solchen Anlässen kann Ihnen sehr schmerzhaft bewusst werden, dass Sie nun alleine sind. Vielleicht hatten Sie sich gefreut, alle Ihre Lieben mal wieder zu treffen, aber jetzt, wo Sie da sind, kommt es Ihnen wie ein Alptraum vor, weil Sie Ihren Mann so sehr vermissen.

Ebenso kann es nach dem Verlust des Partners wehtun, anderen dabei zuzuhören, wie sie von ihren gemeinsamen Unternehmungen erzählen. Fotos und Handyaufnahmen von Reisen werden herumgezeigt – und womöglich hatten Sie mit Ihrem Partner auch noch Reisen geplant und Ziele gehabt.

Das ist schwer auszuhalten und vermutlich kostet es Sie in solchen Situationen viel Kraft, sich das nicht anmerken zu lassen. Natürlich wollen Sie unter keinen Umständen in Tränen ausbrechen, anderen den Spaß verderben und zum traurigen Mittelpunkt werden.

Zusätzlich bemerken Sie vielleicht auch, dass andere sich in Ihrer Gegenwart gar nicht mehr trauen, so frei wie früher von ihrem Glück zu sprechen. Kaum setzen Sie sich irgendwo dazu, verstummen bis dahin fröhliche und unbeschwerte Gespräche.

Nicht weniger unangenehm kann es sich anfühlen, wenn alle so tun, als sei gar nichts passiert und Ihr geliebter Mensch hätte nie existiert. Dazu hatte ich Ihnen bereits im vierten Kapitel empfohlen, Ihre Empfindungen gegenüber Ihren Freunden zur Sprache zu bringen; vielleicht finden

Sie am Rande der Festlichkeit eine Gelegenheit dazu oder jedenfalls im Nachhinein.

Es gibt noch etwas, das Ihnen nach dem Verlust Ihres Mannes nicht nur in der ersten Zeit, sondern bis es Ihnen später besser geht, sehr zu schaffen machen kann: Sie haben oft den Eindruck, als würden Sie durch die anderen irgendwie abgecheckt, wie stabil Sie sind und wie es Ihnen geht. Und, ja, Ihre Freunde und Angehörigen beobachten und mustern Sie tatsächlich. Zwar tun sie das so unauffällig wie möglich, aber Sie bekommen es dennoch mit. Obwohl Sie wissen, dass es nicht böse gemeint ist, stört und verunsichert es Sie.

All das trägt dazu bei, dass Sie in der Trauerzeit wahrscheinlich immer nur eine begrenzte Zeit lang unter Leuten sein können. Muten Sie sich nur das zu, was Ihnen guttut, und sorgen Sie dafür, dass Sie sich jederzeit aus einem Geschehen zurückziehen können.

Wenn Sie sich noch selten in der Lage fühlen, einer Einladung zu folgen, dann sorgen Sie sich nicht, zu oft Absagen zu erteilen und in der Folge nicht mehr eingeladen zu werden. Sie können nur durch gutes Erleben mit Einladungen sich wieder häufiger bereit dazu fühlen. Übernehmen Sie sich also nicht.

Oder Sie hatten, als die Einladung kam, gerade einen guten Moment und Sie haben freudig, vielleicht sogar ein wenig euphorisch zugesagt. Infolge der völlig normalen Gefühlsschwankungen in der Trauerzeit fühlen Sie sich dann am Tag der Feier aber miserabel und an eine Teilnahme an der Festivität ist nicht mehr zu denken.

All dies können Sie in Ihrem Umgang mit Einladungen berücksichtigen:

- Bekommen Sie eine Einladung, fragen Sie sich, ob Sie wirklich dorthin möchten. Wenn nicht, sagen Sie ohne Wenn und Aber ab.
- Möchten Sie eine Einladung gerne wahrnehmen, erbitten Sie sich schon vorab bei der Zusage das Verständnis der Gastgeber dafür, dass Sie eventuell kurzfristig absagen werden, weil Sie zum gegenwärtigen Zeitpunkt einfach nicht sagen können, wie es Ihnen an dem betreffenden Tag geht.
- Kündigen Sie ebenfalls bereits im Vorfeld an, dass Sie eventuell nur für eine begrenzte Zeit bleiben können.
- Sind Sie zu einer Feier eingeladen, für die Sie wegen einer weiten Anreise gezwungen sind, auch auswärts zu übernachten, dann sorgen Sie dafür, dass Sie ein Zimmer für sich alleine haben.
- Nehmen Sie bei der Feier kleine Gelegenheiten wahr, die Sie als Auszeiten für sich nutzen können, machen Sie einen kleinen Spaziergang oder ziehen Sie sich kurz in den Garten oder in Ihr Zimmer zurück.

Wie Sie auf unangenehme Fragen und Bemerkungen reagieren können

»Wie geht es dir?«, erscheint den meisten Menschen gegenüber Trauernden als passende Frage, es gibt aber meistens keine passende Antwort darauf, jedenfalls keine, die Sie mal eben so auf der Grillparty geben könnten. Auf diese und alle anderen Fragen können Sie aber immer antworten: »Ich weiß gerade keine Antwort.« Oder lenken Sie die Aufmerksamkeit von sich selbst ab: »Ach lass uns doch lieber über dich reden.«

Leichter wäre es für Trauernde, wenn die Leute einfach nur sagen könnten: »Wie schön, dass du da bist.« Das kommt aber leider nicht oft vor.

Auch ein Angebot, über das Sie ganz danach, wie es Ihnen im Moment geht, entscheiden können, machen wenige: »Möchtest du mir über dich erzählen oder möchtest du lieber, dass ich von mir erzähle?«

Besonders unangenehm ist es, wenn jemand versucht, Ihnen zuzureden, dass es nun endlich Zeit wird, loszulassen. Wehren Sie das ab, wehren Sie sich: »Darüber möchte ich jetzt mit dir nicht reden.«

Sollte es passieren, dass Ihre Gefühle Sie überwältigen und Sie die Tränen nicht mehr zurückhalten können, dann können Sie darauf vertrauen, dass Ihnen das niemand übel nimmt. Ziehen Sie sich zurück, atmen Sie tief durch, bis es wieder geht. Oder verlassen Sie das Fest; Sie hatten ja angekündigt, dass Sie eventuell nicht lange bleiben.

Was uns die Trauer lehrt, ist: Wir brauchen nicht mehr so rücksichtsvoll zu sein, wie wir es vielleicht bisher gewohnt waren, aber wir müssen lernen, gut auf uns selbst, unsere Gefühle und auf unsere Bedürfnisse zu achten sowie auf unsere innere Stimme zu hören, die uns sagt, was uns guttut. Verlassen wir uns darauf, auch wenn andere die Dinge anders sehen.

Möglicherweise kommt es aber zu gar keinen Schwierigkeiten und Sie erleben ein wundervolles Fest, bei dem Sie sich zugehörig und getragen fühlen. Ich wünsche es Ihnen von ganzem Herzen.

Affirmation

Schwierige Reaktionen aus dem Umfeld helfen mir, mich mehr auf mich selbst, meine Stärken und mein Urteilsvermögen zu konzentrieren.

Kapitel 7: Exfrauen und Geheimnisse

Auf zwei Themen gehe ich im Folgenden kurz ein, mit denen Witwen nicht selten in meine Trauerbegleitungspraxis kommen: der Umgang mit gegebenenfalls Exfrauen des Verstorbenen, mit denen Sie bisher keinen oder keinen guten Kontakt hatten, sowie die Auseinandersetzung mit Geheimnissen, die sich Ihnen erst nach dem Tod Ihres Mannes offenbarten. Wer von Ihnen, liebe Leserinnen, davon nicht betroffen ist, der überspringt die nächsten Abschnitte und liest bitte ab Kapitel acht weiter.

Der Umgang mit »anderen« Familienmitgliedern

Hatte Ihr Partner vor Ihrer Beziehung schon eine Frau und auch Kinder mit ihr, haben Sie diese vielleicht gekannt und ein mehr oder weniger unkompliziertes Patchwork-Leben geführt. Ist es jedoch so, dass Sie bis zum Tod Ihres Partners keinen oder kaum Kontakt zu seiner ehemaligen Frau und deren Kindern hatten, können zusätzliche Herausforderungen auf Sie zukommen. Angefangen von Traueranzeigen, von der Beerdigung bis hin zu Erbschaftsfragen: Jetzt ist es unvermeidlich, dass Sie aufeinandertreffen. Sie können sich nicht aus dem Weg gehen und müssen sogar gemeinsam Dinge regeln. Machen Sie sich bewusst, dass die

Anzahl unvermeidlicher Zusammentreffen begrenzt ist; das ist zu schaffen.

Wahrscheinlich gab es aber Gründe, warum Sie sich nie kennengelernt hatten, Verletzungen, Eifersucht oder Ähnliches. Jetzt darüber hinwegzusehen ist viel verlangt, und oft kommt es spätestens dann zu Konflikten, wenn Sie durch Nachlassregelungen gezwungen sind, sich mit der Exfrau und womöglich deren Kindern auseinanderzusetzen. Schon in weniger ungünstigen Konstellationen gestaltet sich die Regelung von Erbangelegenheiten meistens nicht leicht und harmonisch. Versuchen Sie auch in schwierigen Momenten, sich nicht in Streitigkeiten und Auseinandersetzungen verwickeln zu lassen, denen Sie ohnehin nicht gewachsen sind, weil Ihnen die notwendige Kenntnis der Rechtslage fehlt. Suchen Sie sich eventuell sogar vorbeugend professionelle Hilfe bei einem Anwalt, informieren Sie sich und übergeben Sie ihm nötigenfalls die Angelegenheit. Wenn Sie über den Spielraum Ihrer Handlungs- und Entscheidungsmöglichkeiten und Ihre gesetzlichen Ansprüche und die der »anderen« Familienmitglieder informiert sind, ist das eine gute Basis, vielleicht sogar Lösungen zu finden, die allen gerecht werden.

Wenn Geheimnisse zutage treten

In meine Praxis kommen immer wieder Witwen, die plötzlich erfahren, dass der geliebte Verstorbene unter Umständen viele Jahre lang ein Geheimnis vor ihnen hatte. Zur Trauer kommen der Schmerz, die Enttäuschung und die Wut darüber hinzu, es erscheint unmöglich, weiterhin die große Liebe zu spüren, an die die Frau bisher fest glaubte.

Manchmal taucht eine langjährige Nebenbeziehung, womöglich mit einem oder mehreren Kindern, auf, manchmal wird eine nur kurze Affäre aufgedeckt. Es kann sich zeigen, dass die finanzielle Lage nicht so sicher ist, wie die Betreffende es dachte, vielleicht wurden Spielschulden oder Fehlinvestitionen bei den Geldanlagen unterschlagen, weil der Verstorbene dachte, er würde seine Frau schonen können und hätte noch genügend Zeit, alles wieder ins Reine zu bringen. Eine meiner Klientinnen musste erleben, dass kurz nach dem Tod ihres Lebensgefährten ein Mann zu ihr kam, um ihr zu enthüllen, dass seine Frau über lange Zeit ein Verhältnis mit ihrem Mann gehabt hatte; er glaubte plötzlich, dieses lange gehütete Geheimnis nicht mehr für sich behalten zu können. Besonders schmerzhaft werden Heimlichkeiten empfunden, über die scheinbar alle außer der Betrogenen selbst Bescheid wussten.

Ich persönlich würde es wissen wollen, wenn mein Partner mich betrügt, sei es, dass er eine Affäre hatte, sei es in irgendeiner anderen Angelegenheit. Dabei geht es mir gar nicht darum, dass ich dann meine Konsequenzen daraus ziehen kann, sondern weil es einfach besser ist, die Wahrheit zu wissen. Vielleicht können Sie eine ähnliche Haltung einnehmen, wenn Sie nach dem Tod Ihres Mannes ein solches Geheimnis lüften. Die Realität zu sehen und anzuerkennen muss nicht immer heißen, dass wir in eine große Verletzung geraten müssen. Gerade jahre- und jahrzehntelange Beziehungen können hier und da auch mal holprig verlaufen. Doch nun ist der Partner nicht mehr da, um mit ihm darüber zu sprechen, Erklärungen von ihm zu bekommen, die Wut bei ihm loszuwerden und auch, um ihm zu verzeihen. Sie können diesen Prozess nun nur allein durchlaufen, doch seien Sie gewiss: So etwas zu überwinden, das ist auch allein und im inneren Gespräch mit einem verstorbenen Partner möglich.

Die unerwünschten Enthüllungen mögen Sie zutiefst erschüttern; gewähren Sie sich Zeit, um sie zu verarbeiten.

Ein erster Schritt kann sein, sich einer vertrauenswürdigen Person anzuvertrauen.

Aber wer weiß, vielleicht haben Sie ebenfalls Geheimnisse für sich behalten und Sie kommen gut damit zurecht, dass Sie nun nicht mehr die Einzige sind, die nicht alles offenbart hat.

Manchmal habe ich es bei Klientinnen auch erlebt, dass sie nach der Erschütterung, Wut und Enttäuschung infolge der Aufdeckung eines solchen Geheimnisses bald auch etwas ganz anderes daraus zogen: Sie empfanden neuen Lebensmut und eine Art Befreiung aus der Trauer. Denn ein Stück weit fühlt es sich für Frauen manchmal nach der Kenntnisnahme von Affären, Liebschaften oder Nebenbeziehungen nicht mehr so stark wie Verrat an, wenn sie beizeiten wieder ihr eigenes Leben in die Hände nehmen und es ohne den Verstorbenen freudig weiterführen. Es wirkt wie der sogenannte »heilsame Schock«.

> **Affirmation**
> Auch wenn deine Hinterlassenschaften mir das Leben schwer machen, werde ich sie bewältigen.

Kapitel 8: Veränderung aushalten und gestalten

Veränderungen können uns auch Angst machen, wenn sie positiv sind: Wir treten eine neue Arbeit an, die wir uns gewünscht haben, wir heiraten den Menschen, den wir lieben, wir werden wie geplant Eltern oder machen uns für ein Jahr auf Weltreise. Obwohl wir die Veränderung mit großer innerer Zustimmung selbst gewählt haben, können wir nicht wissen, ob alles gut klappen wird und wohin uns der neue Weg führt.

Nachdem unser geliebter Mann gestorben ist, ist das Gegenteil der Fall: Das haben wir uns nicht ausgesucht, es ist uns oft lange Zeit nicht möglich, es zu akzeptieren, und wir wissen eines ganz sicher, was uns auf dem neuen Weg widerfährt: Egal, wie sehr sich alles verändert und wie wir uns verändern und was wir uns als Ziel suchen, wir werden nun ohne unseren Partner sein. Sein Tod ist die größte Veränderung, die uns treffen kann. Sehr früh schon ahnen wir, dass wir dieser Veränderung früher oder später nachgeben und versuchen müssen, das für uns Beste daraus zu machen.

Ich persönlich mag Veränderungen und ich kann auch mit solchen ganz gut umgehen, die mir nicht unbedingt in den Kram passen oder die ich nicht selbst geplant habe. Aber das, was mit mir geschah, nachdem Tom gestorben war, brachte mich an den Rand meiner Möglichkeiten. Alles, was mir früher in schwierigen Lebenssituationen geholfen hatte, versagte, nachdem Toms Leben versagt hatte. Ich hatte während seiner Krankheit versucht, mich darauf vorzubereiten, hatte aufgrund des frühen Verlusts meiner Mutter gedacht, ich würde mit Toms Tod schon irgendwie zurechtkommen. Aber was jetzt passierte und mit mir geschah, war ganz anders, als ich es erwartet hätte. Alles stand irgendwie auch im Zusammenhang mit dem Tod meiner Mutter und allem, was ich bis dahin nicht verarbeitet hatte.

Diesem Phänomen begegnen, wie ich inzwischen weiß, viele Trauernde: Stirbt ein geliebter Mensch, treten auch ältere Verluste wieder in den Vordergrund und verstärken zusätzlich den Schmerz. Vielleicht wäre ich tatsächlich zusammengebrochen, wenn ich nicht für meinen Sohn hätte da sein müssen und wollen; oft fühlte es sich so an. Oft wurde in dieser Zeit die Sehnsucht nach meiner Mutter schlimmer als je zuvor, und ich spürte einen unglaublichen Sog, bei ihr sein zu wollen. Und da war auch die ständige Sehnsucht nach Tom. Die Gefühle verschwammen und ich hatte den Eindruck, ihnen in dieser Zeit vollkommen hilf- und haltlos ausgeliefert zu sein. Also griff ich nach jedem Strohhalm, probierte alles aus, was womöglich helfen könnte, um – wie ich es in Kapitel vier erläutert habe – immer wieder festzustellen zu müssen, dass nichts half. Es gibt keine schnelle Lösung, keine Abkürzung für den Trauerweg. Der Tod eines geliebten Menschen verändert nicht nur alles in unserem Leben, sondern auch uns selbst enorm, in manchem nur vorübergehend, in anderem für immer. Diese Veränderungen zu verstehen, anzunehmen und allmählich auch selbst wieder zu gestalten ist die große Aufgabe, die die Trauerzeit uns stellt.

Kurzfristige Veränderungen

Die Zeit zwischen dem Eintreten des Todes und der Bestattung wird »Schleusenzeit« genannt, was sich vor allem auf den den Verstorbenen betreffenden Übergang zwischen hier und dort, wo auch immer wir uns seinen künftigen Ort vorstellen, bezieht. Diese ersten Tage unserer Trauerzeit können deren Verlauf empfindlich beeinflussen. Ich wünsche Ihnen von Herzen, dass Sie diese sanft und weitgehend mit sich stimmig erleben konnten. Vielleicht wussten Sie genau, was der Verstorbene sich für seinen Abschied gewünscht hat, oder Sie haben den Ablauf so gestaltet, wie Sie es als würdig und angemessen empfinden. Sollte es Unruhe oder Unstimmigkeiten mit anderen Angehörigen gegeben haben, was ja durch die Heftigkeit der Emotionen bei vielen Beteiligten oft der Fall ist, so treten diese wohl bereits am Tag nach der Beisetzung weit in den Hintergrund. Die Veränderungen drängen in Ihr Bewusstsein und in den Vordergrund.

Vom Aufwachen bis zum Einschlafen sind Sie ab sofort andauernd damit konfrontiert, dass Ihr Mann im eigentlichen Sinn des Wortes nicht mehr da, nicht mehr in Ihrer Wohnung, in Ihrem Haus ist. Selbst wenn er die letzten Tage oder Wochen im Krankenhaus verbracht hat, ist mit der Abwesenheit erst jetzt die Endgültigkeit, ihn nie wiedersehen zu können, verbunden. Wie im ersten Kapitel beschrieben, verlangt es Kraft von Ihnen, sich auf die vielen kleinen Änderungen, die Sie nun im Alltag wahrnehmen, einzustellen. Oft ist es auch körperlich spürbar, wie schwer es fällt. Beispielsweise mögen sich Ihre Beine nach dem Tod Ihres geliebten Menschen anfühlen, als seien sie mit Blei gefüllt. Mit jeder Bewegung spüren Sie Trauer und Begrenzung.

In dieser Zeit sträubt sich noch alles gegen die Veränderungen, wir möchten den Verstorbenen in unserem Leben halten! Dafür tun wir manchmal auch Dinge, über die wir anderen lieber gar nicht erzählen. Schon nach kurzer Zeit, wenigen Tagen, merken wir beispielsweise, dass der Geruch des geliebten Mannes sich schon verflüchtigt. Wir versuchen einiges, um seinen Duft daran zu hindern, aus der Wohnung zu verschwinden, und waschen – selbstverständlich – sein Bettzeug erst einmal nicht, sondern wir schlafen darin. Wir bringen »seine« Sofadecke ins Nebenzimmer, bevor womöglich ein Besucher sich daraufsetzt und seinen Geruch überlagert. Wir probieren aus, wenigstens ein wenig seines Dufts zu konservieren, indem wir sein Kopfkissen in eine Plastiktüte stecken. Oder wir machen zu »seiner Sportschau« den Fernseher an, obwohl wir selbst sie heute wie früher gar nicht ansehen. Möglicherweise kaufen wir etwas ein, das wir gar nicht mögen, er aber immer eingekauft hat, und essen es dann eben an seiner Stelle. – Tun Sie diese ungewöhnlichen Dinge, glauben Sie mir, es ist in dieser ersten Zeit vollkommen normal; mir wurden schon oft die verschiedensten Varianten dieser Art der Erinnerungsarbeit berichtet und diese Erzählungen sprachen nicht von »Verrücktsein«, sondern von tiefer, verzweifelter Liebe.

Wenn Sie und Ihr Partner allein in Ihrem Zuhause gelebt haben, wird es Ihnen vom ersten Tag an plötzlich unerträglich still in der Wohnung vorkommen. Das erzählen mir vor allem viele ältere Betroffene. Mit der Stille brechen oft schlimme Gefühle des Alleinseins und der Einsamkeit über die trauernde Person herein. Da wundert es niemanden, dass dann, anders als früher, von morgens bis abends das Radio oder der Fernseher läuft. Viele Trauernde würden es vielleicht niemals ihren Angehörigen erzählen, aber sie bleiben vom ersten Tag an dabei, ihrem Liebsten morgens einen »Guten Morgen« und abends »Gute Nacht« zu wünschen. Ganz natürlich sprechen sie mit ihm, erzählen, wie es ihnen geht, was sie bewegt – manchmal mit seinem Foto in der Hand, oder, wenn sie unterwegs oder beispielsweise auf dem Friedhof sind, mit seinem Bild vor Augen.

Wenn ich von Trauernden gefragt werde, ob solches Verhalten in Ordnung ist, bin ich manchmal etwas traurig darüber, dass unsere mangelnde Trauerkultur Menschen so verunsichert, dass sie sich kaum zugestehen, in der Trauer so zu sein, wie sie sind. Solange es Ihnen guttut, ist alles gut, was Ihnen hilft. Da gibt es kein Richtig oder Falsch.

Am Ende dieses Kapitels finden Sie eine Traumreise, die Sie auch darin unterstützen kann, mit den unterschiedlichen Formen und Phasen der Veränderung umzugehen. In Kapitel neun geht es um hilfreiche Rituale.

In dieser ersten Zeit nach Toms Tod fühlte ich mich oft, als wäre ich in Watte gepackt. Ich nahm nur entfernt Dinge wahr, meistens fühlte sich mein Schutzschild, auf das ich mich früher und in der Zeit seiner Krankheit ganz gut verlassen hatte, vollkommen abgenutzt an, und die Realität prasselte mit Wucht auf mich ein. Diese Veränderung in mir und meiner Wahrnehmung machte mir zusätzlich zu schaffen, es gab zu viele Augenblicke, in denen ich mich selbst nicht wiedererkannte. Morgens sah mir aus dem Spiegel häufig eine fremde Frau entgegen, meine Augen schienen sich verändert zu haben, und sicher war es auch so, dass sie einen anderen Ausdruck hatten. Inzwischen habe ich von vielen Frauen gehört, dass sie ebenso empfanden. Dies kann über lange Zeit hinweg andauern, und manches ändert sich eben auch für immer. In diesen ersten Wochen bleibt uns in der Regel nur, es hinzunehmen, wie es ist; wir sind meistens noch nicht so weit, mehr als das Notwendigste zu tun und schon aktiv Veränderung zu gestalten.

In den Anfang der Trauerzeit fallen auch einige der äußeren Veränderungen, die bereits in vorhergehenden Kapiteln behandelt wurden. Vielleicht müssen nun Sie anstelle Ihres Partners Entscheidungen treffen und auch schon vielfältige Aufgaben übernehmen, die er bisher ausgeführt hatte. Dabei fühlen Sie sich kraftlos, niedergeschlagen und Ihr bisheriger vertrauter Ratgeber ist nicht mehr an Ihrer Seite. Lassen Sie sich nicht von eigenen Ansprüchen oder anderen unter Druck setzen! Wenn Ängste Sie überkommen, dass Sie etwas falsch oder verspätet tun könnten, dann kann Ihnen vielleicht dieser Gedanke helfen: Das Schlimmste, was passieren konnte, ist bereits passiert: Ihr geliebter Mensch ist gestorben. Alles, was nun kommt, kann nicht schlimmer sein, nichts, was Sie nun tun, wird Ihrem Mann schaden oder »zu spät« für ihn sein. Und für sich selbst können Sie es ja gut selbst spüren, ob es jetzt in diesem Augenblick gut ist, eine Angelegenheit zu erledigen oder sich noch etwas Zeit damit zu lassen.

Mittelfristige Veränderungen

Vermutlich wachen Sie allmählich aus dem schockähnlichen Zustand auf, in dem Sie die ersten Wochen verbracht haben. Viele Witwen, aber insbesondere die, deren Mann in höherem Alter oder nach schwerer Krankheit verstorben ist, nehmen nun zuerst etwas sehr Unangenehmes wahr: Manche Außenstehende erwarten jetzt bereits, dass es Ihnen langsam wieder besser gehen sollte, denn im Allgemeinen wissen Menschen zu wenig über die Trauerzeit. Nein, es mildert und verkürzt die Trauer nicht, wenn der Verstorbene ein hohes Alter erreicht hat oder sehr unter einer schweren Krankheit gelitten hat! Wir vermissen unseren Mann! Vielleicht können Sie das Menschen erklären, die es gerne hätten, dass Sie schon wieder »ganz die alte« sind. Oder gehen Sie für eine Weile auf Distanz zu ihnen, lassen

Sie sich jedenfalls nicht bedrängen, lassen Sie sich die Zeit für Ihre Trauer, die Ihnen guttut.

Haben wir die ersten Wochen überstanden, dann werden die Gefühle meistens noch nicht leichter, sondern nur anders. Nun beginnt die Zeit, in der Sie realisieren, dass Sie Ihr Leben ohne Ihren Partner weiterführen müssen. Die Zeitspanne von kurzen Urlauben, Dienstreisen oder auch einer längeren Kur, für die Sie zu Lebzeiten möglicherweise hin und wieder getrennt voneinander waren, ist mittlerweile überschritten. Wir fühlen uns noch weit davon entfernt, die Situation zu akzeptieren, ahnen jedoch bereits, dass wir dies anstreben sollten, damit es uns tatsächlich irgendwann wieder besser gehen kann und wir ein neues Leben führen können.

Die Akzeptanz der Situation ist mittelfristig notwendig, es ist die Basis dafür, spätere und langfristige Lebensentwürfe in Betracht zu ziehen. Je eher es uns gelingt, »Ja« zu unserer neuen, wenn auch absolut ungewollten Lebenssituation sagen zu können, desto eher können wir damit beginnen, unseren eigenen Weg zu suchen und zu gestalten.

Auch hier gilt es, in eigenem Tempo voranzugehen; ich mache bewusst niemals Angaben dazu, was »mittelfristig« in Wochen oder Monaten ausgedrückt bedeutet. Das Akzeptieren der Situation und damit auch die Annahme von Veränderungen in ihrem äußeren Leben, aber auch innerlich, verlangt Trauernden sehr viel ab, empfinden die meisten doch noch immer die starke und tiefe Liebe, die sie mit ihrem Partner verbunden hat.

Sie müssen oder wollen sich selbst neu erfinden, denn der Mensch, über den Sie sich teilweise definiert haben, ist nicht mehr da, auch wenn Sie seine Liebe noch spüren können. Eine Ihrer großen Sorgen ist nun womöglich, dass Sie Ihr Gespür für ihn, für sich selbst und für Ihre Liebe verlieren könnten, sobald Sie sich verändern. Dabei fühlt es sich im Moment noch so an, als ob Ihre Liebe das Einzige sei, was Ihnen noch geblieben ist. So befinden Sie sich in einem unüberbrückbar erscheinenden Konflikt: Sie meinen, sich mit jeder Veränderung, die Sie zulassen und annehmen, weiter von Ihrem Mann und Ihrem gewohnten Leben zu entfernen. Dabei ist das Alte unwiederbringlich vergangen und das Neue noch nicht da.

Vielleicht hilft Ihnen das Bild vom Regenbogen, das Vergangene und das Kommende zu verbinden. Die Schönheit und beruhigende Harmonie eines Regenbogens empfinden wir umso mehr, je leuchtender sich seine Farben von dunklen Wolken abhebt. Übertragen Sie die Magie des Regenbogens auf Ihre derzeitige Situation, nehmen Sie ihn als Bild dafür: Auf der einen Seite liegt die Vergangenheit mit Ihrem geliebten Menschen und auf der anderen Seite befindet sich Ihre Zukunft ohne ihn. Bisher befürchteten Sie, Sie müssten entweder die Vergangenheit und die Liebe loslassen, um sich verändern zu können, oder Sie müssten für immer in der Vergangenheit feststecken. Doch beides ist wie die unsichtbaren Enden eines Regenbogens mit Schönheit verbunden.

Ihr Leben besteht vor allem aus Ihnen! Das vergessen wir leicht in der ersten Zeit der Trauer, wo sich unser Fühlen und Denken womöglich noch weit stärker als damals in der Zeit der ersten Verliebtheit dem Verstorbenen zuwendet. Doch Sie selbst waren immer und bleiben immer der Mittelpunkt Ihres Lebens. Jeder, der Ihnen begegnet, ist darin nur ein Besucher für eine begrenzte Zeit oder, wie Ihr Mann, Ihr Begleiter. Doch nur Sie sind die Konstante, das Zentrum in Ihrem Leben, diejenige, die es auf ihre Weise lebt und gestaltet. Sind Sie schon bereit, es wieder mehr in Ihre Hände zu nehmen? Oder haben der große Verlust und die Erkenntnis, dass wir letztlich unser Leben ja nicht in der Hand haben, Sie so sehr eingeschüchtert, dass Sie lieber noch verharren?

Mittelfristig, das heißt, früher oder später werden Sie die ersten Schritte unternehmen, die Sie in Ihr neues Leben führen. Das beginnt häufig damit, dass Trauernden bewusster wird, von welchen Faktoren Sie gerade beeinflusst werden, seien es Umstände oder Menschen. Für oder gegen das eine oder andere unternehmen sie dann etwas, sie treffen erst eine kleine Entscheidung hier, eine da, setzen sich irgendwann zielstrebig für etwas ein. Die positive Folge selbst kleiner selbstbestimmter Schritte ist, dass Sie sich sofort weniger der Situation ausgeliefert fühlen. Das kann Ihnen die nächsten Schritte und vor allem den Blick auf das Kommende wesentlich erleichtern.

Ein wichtiges, hilfreiches Überbleibsel aus meiner Übergangszeit nach Toms Tod ist, dass ich besser meine Grenzen ziehe und aufzeige. Dieses positive Ergebnis aus der schweren Zeit konnte ich bis heute bei mir behalten. Ich bin nicht mehr dazu bereit, allzu viel Zeit mit Menschen und in Situationen zu verbringen, die mir nicht guttun. Ähnliches berichten mir oft auch andere Betroffene. Gleichzeitig ist aber auch mehr Toleranz und Geduld als früher möglich. Durch den Tod des Partners hat sich die Bedeutung der Dinge verschoben und wir setzen unsere Prioritäten anders.

Äußere Veränderungen mögen nun Ihre Wohnverhältnisse oder Ihre Arbeit betreffen. Wenn irgend möglich, wäre es gut, wenn Sie auch hier Ihren Gefühlen und Kräften entsprechend entscheiden können. Lassen Sie sich zu nichts drängen, was Sie noch nicht können. Wenden Sie sich an Ihre Ärztin, wenn Sie sich sehr kraftlos oder niedergeschlagen fühlen.

Ein Tipp: In Ihrem Zuhause und privaten Umfeld können Sie gut experimentieren, um festzustellen, ob oder wie viel Veränderung Ihnen schon guttut. Sie können etwas umräumen – und, wenn es sich nicht gut anfühlt, wieder zurückstellen. Sie können ein neues Bild aufhängen – und nötigenfalls wieder abnehmen. Sie können etwas kochen, das Sie noch nie gegessen haben oder lange nicht mehr, weil Ihr Mann es nicht mochte. Sie können sich etwas Neues anzuziehen kaufen, vielleicht in einer für Sie ungewöhnlichen Farbe oder in einem neuen Stil.

Probieren Sie auch mal – nur in Gedanken! – mögliche neue Szenarien für kleine Bereiche Ihres Lebens ohne Ihren Partner aus. Stellen Sie sich eine schöne, angenehme Begebenheit vor. Beispielsweise sehen Sie vor Ihrem inneren Auge, wie Sie neue Pflanzen in eine Ecke Ihres Gartens pflanzen. Oder Sie besuchen ein Theater oder eine Ausstellung. Später unternehmen Sie gedanklich einen Ausflug oder eine kleine Reise ohne ihn. Sie werden dabei anfangs an Ihre Grenzen stoßen, auch schmerzliche Gefühle werden aufkommen, doch solche Gedankenspiele werden es Ihnen erleichtern, irgendwann solche Schritte tatsächlich zu gehen. Durch das gedankliche Probehandeln kommen Sie vielleicht auch auf wirklich gut zu Ihnen passende neue Lebensentwürfe. Ideen von Ihrer Zukunft nisten sich behutsam in Ihrem Herzen ein und bekommen dort Zeit und Raum, um zu wachsen und zu gedeihen.

Langfristige Veränderungen

Die Gefühle, die wir in der Trauer erleben, halten sich an keinen Zeitplan: Am Anfang ist die Verzweiflung, dann die Wut, dann ... So läuft das nicht, auch wenn manchmal in der Trauerbegleitung und -literatur mit Begriffen wie Trauerphasen, -gezeiten oder -stufen gearbeitet wird. Sie können zur gleichen Zeit unglaublich wütend und zutiefst traurig sein oder auch euphorisch und völlig verzweifelt. Gefühle, Stimmungen und Zustände, die Sie glauben, schon lange überwunden zu haben, können auch nach Wochen und Monaten, manchmal auch nach Jahren plötzlich wiederauftauchen.

Erinnern Sie sich daran: Es ist normal und es geht vorbei. Tatsächlich ist es zu schaffen und auch wenn wir manchmal den Eindruck erhalten, dass uns solche Rückschläge mehr zerstören als alles andere zuvor, kommt irgendwann die Zeit, zu der wir uns allmählich wieder erheben und uns auch wieder der Leichtigkeit zuwenden können. Meistens ist der Prozess schleichend und wir benötigen eine ganze Weile, bis wir uns gewissermaßen wiedergefunden und neu zusammengesetzt haben.

Der Verlust unseres geliebten Mannes und die Trauer um ihn verändert uns und unser Leben. Eines Tages kommt der Moment, in dem wir das nicht nur wissen, sondern plötzlich das erste Mal fühlen: »Ich bin anders als früher.« Das kann eine Situation sein, in der Sie stärker sind, als Sie sich je zuvor gefühlt haben. Oder Sie haben plötzlich vor großem Publikum Ihr Wort erhoben, was Sie sonst nie gemacht haben. Oder Sie stellen bei sich eine Ihnen bisher völlig unbekannte Sorglosigkeit fest.

Zu Beginn Ihrer Trauerzeit und auch in den Wochen und Monaten danach mögen Sie oft gedacht haben, dass Sie daraus nur geschwächt und irgendwie kaputt hervorgehen können. Nun bemerken Sie wahrscheinlich immer öfter, dass Sie viele Ihrer Traueraufgaben bereits bewältigt haben und schon ganz gut weiter durchs Leben gehen. Irgendwann verfügen Sie über eine neue stabile Basis. Womöglich sind Sie achtsamer und aufmerksamer geworden, können sich nun an kleinen unbedeutenden Dingen erfreuen und sehen die Welt und sich selbst anders als zuvor. Wahrscheinlich definieren Sie für sich vieles nun ganz anders als vor dem Tod Ihres Mannes und haben neue Einschätzungen dazu, was ein Problem ist und was nicht.

Irgendwann gilt es einen Weg zu finden, wie Sie die Liebe zu Ihrem Partner auf eine neue Art weiterleben können. Darauf gehe ich im folgenden Kapitel ein. Stellen Sie sich jedoch auf einen wahrscheinlich längeren Prozess ein, in dem sich Ihre Gefühle weiterhin immer wieder verändern.

> **Affirmation**
> Alles ist anders, nichts ist wie zuvor und dennoch bin ich noch da.

Traumreise »Veränderung«

Es heißt so oft: Veränderung findet im Kopf statt. Bereits im ersten Kapitel habe ich ausgeführt, wie weitreichend dies ist, und du spürst das in jeder Phase deiner Trauerzeit. Daher lade ich dich heute in dein Gehirn ein. Du kannst dich dort ein wenig umsehen, dich mit deinen Denkstrukturen vertraut machen und nachsehen, ob es hier oder da die eine oder andere Stelle gibt, an der du neue Strukturen aufbauen kannst. Wir können uns unsere Gehirnwindungen wie einen verästelten Baum oder wie verschlungene Wege vorstellen. Sicherlich gibt es auch Stellen, die nach dem Tod deines geliebten Menschen nicht mehr genutzt werden, weil sie sinnlos geworden sind, aber du spürst, dass sie noch da sind, und automatisch versuchst du immer wieder ihren Weg einzuschlagen. Wenn das passiert, kann es sich für dich anfühlen, als ob du in ein tiefes Loch fällst, weil deine Bemühung für deinen geliebten Menschen da und mit ihm zusammen zu sein, ins Leere geht und dir dein Verlust schmerzlich ins Bewusstsein gelangt.

Für diese Traumreise brauche ich dich hellwach und aufmerksam. Daher bitte ich dich, diese Übung statt im Liegen im Sitzen durchzuführen. Du kannst einen einfachen Stuhl nehmen; er muss nicht unbedingt superbequem sein. Wichtig ist allerdings, dass es ruhig ist und du für die nächsten Minuten ungestört bleibst.

Diese Traumreise können Sie sich auch anhören, und sie steht Ihnen als Download zur Verfügung unter: www.herder.de/extras/

Folge mir bitte Schritt für Schritt in deine Schaltzentrale.

- Schließe deine Augen.
- Spüre Demut, denn du hast ein wundervolles Gehirn, das dir viele gute Dienste leistet und darauf wartet, dass du die Möglichkeiten, die es dir bietet, so nutzt, dass es dir gut geht. Um Demut zu fühlen, kann es helfen, wenn du sanft dein Kinn nach unten senkst.
- Jetzt werde dir darüber bewusst, dass das, was du denkst, einen direkten Einfluss auf deine Gefühlswelt haben kann.
- Bewertungen und Urteile haben für die nächsten Minuten keine Bedeutung mehr für dich.
- Du begibst dich in einen Bereich, der dich ausmacht, der dir aber fremd sein mag.
- Alles, was du weißt und kannst, ist im Moment unwichtig.

- Niemand weiß, was auf dieser Reise in dir vorgeht, wenn du es nicht möchtest.
- Diese Erfahrung ist persönlich und gehört nur dir.
- Zeit und Raum spielen für den Moment keine Rolle mehr.
- Alle deine Sorgen haben jetzt Pause.

Auf deiner Reise streifst du heute vor allem das Großhirn, denn hier finden das Denken und das Erinnern statt, und das Zwischenhirn. Von dort aus werden die Hormone gesteuert und Gefühle wie Trauer und Freude werden an dieser Stelle verarbeitet. Das Großhirn macht den größten Teil unseres Denkapparates aus – die sogenannten grauen Zellen. Unter unserem Schädelknochen und der Hirnhaut schwimmt im Gehirnwasser gut gesichert die in unendlich viele Windungen aufgefaltete graue Masse mit Milliarden von Nervenzellen. Darunter eingebettet befindet sich das im Vergleich klitzekleine Zwischenhirn mit all unseren Emotionen.

Deine Reise beginnt von ganz außen an deiner Kopfhaut. Du spürst, wie sie sich entspannt und aufatmet, denn die Anstrengungen der traurigen Ereignisse sind bis in die letzte Faser zu merken. Langsam erhöht sich die Durchblutung deiner Haut, das spürst du bis in die Haarwurzeln. Der große Schmerz scheint den inneren Druck deines Gehirns erhöht zu haben. Er lässt nun sanft nach und du hast unter deinem Schädelknochen wieder mehr Platz für die Bildung neuer Verästelungen deiner Nervenbahnen. Du spürst, dass du dich auf den Prozess deiner großen Veränderung verlassen kannst. Hier wird der Weg in deine Zukunft gebahnt, die es gut mit dir meint. Dein Gehirn hilft dir mit allem, was dir widerfährt, zurechtzukommen. Du vertraust dich dem inneren Wachstum an, das die Trauer in dir angestoßen hat. Oft fühlt es sich so an, als würde dein Gehirn nicht mehr gut funktionieren, weil du vergesslich, langsam und unkonzentriert, ja sogar schreckhaft geworden bist. Das liegt daran, dass dein Gehirn auf Hochtouren läuft und alles tut, damit sich neue Bahnen entwickeln, denn du bist nun gezwungen, dein Leben neu zu ordnen, und das bildet sich auch in deinem Denk- und Fühlapparat ab. Auch wenn es dir nicht so vorkommt, vollzieht sich in dir zurzeit eine große Veränderung, die viel von deiner Energie und Aufmerksamkeit erfordert. Für einen Moment lang bist du losgelöst von allem, was dich quält, und befindest dich in der Atmosphäre von totaler innerer Freiheit.

Nun lenkst du deine Kraft auf dein Zwischenhirn. Trauer und Freude werden hier verarbeitet. Schon lange hat dieser Teil hauptsächlich mit traurigen Gefühlen zu tun und er sehnt sich nach Glücksgefühlen. Schon lange findest du keinen Zugang mehr zu ihnen. Doch du glaubst ganz fest daran, dass deine Gefühlszentrale zu angemessener Zeit auch wieder genügend Raum für deine Lebensfreude haben wird. Wenn es dir gelingt, dich noch einmal ganz kurz auf die Produktion deiner Hormone zu konzentrieren, wirst du dir darüber bewusst, dass diese Stelle nie müde wird, deine Emotionen zu regeln. Auch wenn du gerade Schweres durchmachst, darfst du dir sicher sein, dass das Ergebnis deines Trauerprozesses die Fähigkeit sein wird, in deiner gesamten Gefühlswelt mehr Tiefe zu finden. Auch wenn es dir nicht so vorkommt, arbeitet dein Gehirn gerade mit ganzer Kraft, damit du dauerhaft wieder Freude und Glück empfinden kannst. Daher lässt du die Dinge sich weiterhin vollziehen und wendest ganz sanft deine Aufmerksamkeit wieder auf deine direkte Umgebung.

Du fühlst die Sitzfläche und die Lehne deines Stuhls. Deine Füße berühren den Boden, du bemerkst, wie sie von dort Halt für deinen Weg bekommen. Du wirst getragen. Du blinzelst etwas, bevor du deine Augen wieder öffnest. Du blickst dich um und überprüfst, ob sich etwas für dich geändert hat. Sei es dein Gefühl, deine Wahrnehmung – du nimmst einfach mehr Zuversicht von dieser Reise für dich mit. Bewege dich die nächsten Minuten mit Bedacht, damit die Wirkung der Übung bei dir bleibt.

Kapitel 9: Die Liebe weiterleben und die Erinnerung pflegen

Es ist uns ein tiefes Bedürfnis, weiter mit unserem Mann innerlich verbunden zu bleiben und ihn in unserer Erinnerung lebendig zu halten. Geburtstage, Jahrestage und Feiertage ohne ihn zu begehen fällt zunächst allerdings schwer. Diese bewusst nach den eigenen Wünschen zu gestalten sowie Trauerrituale und Erinnerungsstücke können uns dabei helfen.

Die Liebe weiterleben

Früher wurde in der Trauerbegleitung und -literatur im Zusammenhang mit der Bewältigung des Verlusts eines sehr nahestehenden Menschen der Begriff des »Loslassens« bemüht. Zum Glück verschwindet er nach und nach aus den Köpfen. Die Liebe endet nicht mit dem Tod, wir müssen unsere Liebe nicht loslassen, sie kann weiterhin unser Herz wärmen, wir können uns von dieser Liebe durch schwere Zeiten tragen lassen und sie darf uns auch in guten Zeiten weiterhin begleiten.

Das Wissen darum, dass die Liebe über den Tod hinausreicht, kann unser ganzes weiteres Leben und alles, was darin vorkommt, bereichern. Natürlich ersetzt das unseren geliebten Menschen nicht. Aber wir können unsere guten und tiefen Gefühle weiter bei uns behalten, wir können weiterlieben und uns irgendwann auch mit mehr frohen als traurigen und verzweifelten Gefühlen an ihn erinnern.

Wie genau wir weiterlieben, das ist höchst individuell. Mir wurden von vielen verschiedenen Arten berichtet, wie Menschen ihre Liebe für sich lebendig hielten, wie die guten und tiefen Gefühle für ihn weiterhin empfunden werden konnten. Der Weg dahin dauert oft lange und erfordert meistens einige Geduld. Außerdem wird es nie ein endgültiges Bild geben, ein Gefühl, in dem Sie für immer bleiben wollen. Über die Jahre wird sich die Liebe zu Ihrem Partner verändern und sich Ihrem neuen Leben anpassen, doch verschwinden wird sie nie, denn in Ihrem Herzen bleibt sie bestehen.

Nutzen Sie die folgende Traumreise, wenn Sie Ihrem geliebten Mann begegnen und die Verbindung zu ihm deutlicher spüren möchten.

Traumreise »Begegnung im Park«

Ich habe eine Traumreise entwickelt, auf der Sie dem Verstorbenen begegnen und in deren Verlauf Sie mit Ihrem geliebten Menschen sprechen können. So schaffen Sie sich die Möglichkeit des Austauschs mit ihm.

Diese Traumreise können Sie sich auch anhören, und sie steht Ihnen als Download zur Verfügung unter: www.herder.de/extras/

Suche dir einen bequemen und sicheren Platz zum Sitzen oder Liegen, an dem du für die nächsten zehn Minuten ungestört bist, denn wenn du meiner Stimme folgst, kannst du dich an deinen inneren Ort begeben, um im Einklang mit dir und deinem geliebten Menschen zu sein.

Im Alltag fällt das nicht immer leicht. Der große Schmerz und die Trauer über den Verlust erschweren die Verbindung zu dir selbst und zu deiner tiefen Liebe. Die Liebe ist das, was am stärksten ist, immer da sein wird und euch für alle Zeiten verbindet.

Folge mir also behutsam an einen Ort, der wie ein wunderschöner Garten oder Park ist. Dort wirst du dich auf einer Bank ausruhen und deinen geliebten Menschen treffen, um Zwiesprache mit ihm zu halten.

Diese Landschaft kann von nun an, wenn du es möchtest, die Basis für viele weitere Gespräche sein, die du, wann immer dir danach ist, führen kannst. Ganz besonders in schweren Zeiten, in denen du glaubst, den Schmerz und die Trauer nicht mehr aushalten zu können.

Die Reise beginnt: Zähle im Stillen langsam von 10 bis 0. Vor dir steht ein runder Turm aus Stein. Eine hölzerne Tür öffnet sich langsam, damit du eintreten kannst. Folge bedächtig den Stufen der Wendeltreppe, die dich hinaufführen. Spüre das eiserne Geländer an deiner Hand. Auch kannst du die steinerne Wand beim Hinaufgehen mit deinen Händen ertasten.

Vielleicht bist du in deinen Lieblingssachen gekleidet, denn du gehst einem Treffen von ganz besonderer Art entgegen. Du spürst, wie dein Herz vor Aufregung zu klopfen beginnt. Du achtest darauf, nicht zu schnell zu gehen, damit du nicht stolperst oder außer Atem gerätst.

Solltest du eine leichte Aufregung bemerken, spüre ihr nach. Während du weiter Stufe für Stufe nach oben wandelst, bemerkst du ein helles Licht, welches dir zeigt, dass du gleich angekommen bist. Du nimmst noch einen tiefen Atemzug, bevor du aus dem Tor des Turmes hinaustrittst.

Vor dir enthüllt sich eine Landschaft, die einzig und allein deiner Fantasie überlassen ist. Sind es Berge, Wiesen, Wälder oder das Meer? Alles, was du siehst, ist gut und dafür da, dir Frieden zu bringen. Hör genau hin; kannst du vielleicht das Murmeln eines Baches vernehmen oder das Zwitschern von Vögeln? Summen da etwa Bienen und sammeln eifrig Honig aus bunten Blütenkelchen, die deinen Weg zu einem schmiedeeisernen Zaun säumen?

Bist du dort erst angelangt, entdeckst du versteckt hinter Ranken ein Tor, das sich kaum vom Zaun unterscheidet. Nur du kennst diesen Eingang und kannst ihn öffnen, was du jetzt auch tust. Du fühlst die kühle Eisenklinke, während du sie vorsichtig hinunterdrückst. Alles geht ganz leise vor sich, denn du möchtest die Tiere, die in diesem Park leben, nicht erschrecken.

Nachdem du durch das Tor hindurchgeschlüpft bist, siehst du friedlich äsende Rehe, die nun wie zu deiner Begrüßung den Kopf heben. Kleine Kaninchen halten inne und kommen dir sanft ein kleines Stück entgegengehoppelt, als ob sie dir den Weg weisen möchten.

Da siehst du auch schon die gemütliche Holzbank, die Platz für zwei bietet. Während du dich ihr näherst, bemerkst du, wie kleine bunte Schmetterlinge darüber im Tanz taumeln.

Du gehst weiter darauf zu und bemerkst, dass dort schon jemand auf dich wartet. Ein warmes freudiges Gefühl breitet sich in dir aus. Du fühlst dich zu dieser Person hingezogen. Ihr erkennt einander und du nimmst ebenfalls auf der Bank Platz.

Hier kann euch nichts stören, alles ist jetzt ganz heil, gesund und unversehrt. Vielleicht berühren sich eure Hände, treffen sich eure Augen, spürt ihr eure Herzen und die tiefe Liebe, die euch verbindet.

Wenn du möchtest, kannst du nun, solange es dir möglich ist, hier von deinem Leben erzählen, das du nun ohne die geliebte Person führst. Vielleicht gibt es neben der Trauer, dem Schmerz und den Schwierigkeiten auch schöne Dinge zu berichten. Du darfst hier alles abladen, was dir am Herzen liegt.

…

Nachdem du deinem Herzen etwas Erweiterung verschafft hast, ist vielleicht auch eine sanfte und beruhigende Umarmung zwischen dir und deiner geliebten Person möglich. Sie wird dir Kraft geben, dich auf den Rückweg zu machen. Ein letzter liebevoller Blick für den Moment, denn du weißt, dass du jederzeit wieder hierher zurückkehren kannst, um in dich aufzunehmen, was du so sehr vermisst.

Beim Weggehen drehst du dich noch einmal um und vergewisserst dich, dass es deinem geliebten Menschen gut geht und er in Frieden ist. Sein einziges Anliegen ist, dass es auch dir gut geht. Er ist in warmes gleißendes Licht gehüllt, das seine Konturen immer unschärfer werden lässt. Du machst dich nun auf den Rückweg.

Der Weg führt dich erneut an den grasenden Tieren vorbei. Während du das Tor öffnest, nimmst du auch wieder die vertrauten Geräusche von vorhin wahr.

Langsam kommt der Turm in dein Sichtfeld und du machst dich, erfüllt von Liebe, Wärme und Licht, voller Mut auf den Weg nach unten. Du zögerst nicht dabei, denn du hast wieder Kraft, die dir bei den nächsten anstehenden Schritten helfen wird. Es werden sich dir Lösungen eröffnen, die dir deinen Alltag erleichtern, Menschen werden deinen Weg kreuzen, die dir wohlwollend zulächeln oder dir einfühlsame Worte sagen. Liebevolle Hilfestellungen werden dir zuteil.

Du merkst zunehmend, du bist nicht alleine dort, wo du nun wieder hingehst. Du wirst erneut Geborgenheit finden. So gehst du nun wieder Schritt für Schritt die Wendeltreppe hinunter und mit jeder Stufe spürst du, wie du dich sicherer fühlst. So sind deine Schritte auf den letzten Stufen ganz fest und du trittst wieder hinaus in eine Welt, die dich willkommen heißt.

Zähle nun im Stillen von 0 bis 10 und bei 10 öffnest du langsam die Augen und nimmst dir einen Moment Zeit, wieder dort anzukommen, wo du vor einigen Minuten losgegangen bist.

Geburtstage, Feiertage und Urlaub

Besondere Tage haben Sie wahrscheinlich bisher mit Ihrem Mann besonders schön gestaltet, Sie hatten bestimmte Rituale, wer was vorbereitete oder was Sie unternahmen. Nun stehen Ihnen solche Tage wahrscheinlich düster bevor. Im Folgenden möchte ich Ihnen einige Vorschläge machen, wie Sie sich darauf vorbereiten und wie Sie Ihren Gefühlen an diesen Tagen gerecht werden können.

Geburtstage

Der Geburtstag Ihres verstorbenen Mannes

Kann man noch die Geburt eines Menschen feiern, der verstorben ist? Nun, jedenfalls denken wir am Geburtstag unseres lieben Verstorbenen an ihn, er wird immer ein wichtiger Gedenktag für uns bleiben. Diesen zu begehen ist zunächst schwer. Vielleicht können Sie sich ja vornehmen, das Leben, das er bis zu seinem Tod leben durfte, zu feiern. Dann steht weniger Ihr Verlust im Vordergrund und mehr er und sein Leben. Natürlich geht es bei alldem vor allem um Sie, doch habe ich oft schon vermittelt bekommen, wie wichtig es Trauernden ist, das Leben des Verstorbenen nicht in Vergessenheit geraten zu lassen.

Ähnlich könnten Sie auch Ihrem Jahres- oder Kennenlerntag etwas Schönes sichern, wenn Sie sich vornehmen, die Zeit, die Sie gemeinsam miteinander hatten, zu würdigen und dieser zu gedenken. Wahrscheinlich zucken Sie jetzt erst davor zurück, weil Sie schon wissen, dass das höllisch wehtun wird. Doch schlagen Sie damit auch einen Weg ein, das Schöne und die Gedanken an ihn sowie Ihre Liebe lebendig zu halten.

Wie könnten Sie diese Tage gestalten? Wie haben Sie seinen Geburtstag denn bisher verbracht? Gab es bestimmte Rituale? Besonderes Lieblingsessen? Haben Sie etwas Bestimmtes unternommen, stets dasselbe Restaurant aufgesucht oder denselben Spaziergang gemacht, haben Sie sich auf Reisen begeben? Viele Frauen bringen am Geburtstag ihres verstorbenen Mannes seine Lieblingsblumen zu seinem Grab, andere schmücken seinen Lieblingsplatz zu Hause damit. Sehr häufig höre ich, dass die Geburtstagskerze weiterhin an diesem Tag dazugehört. – Sie müssen für sich entscheiden, ob Sie alte Rituale weiterführen möchten oder vielleicht nur teilweise und ob Sie etwas anderes an diesem Tag machen möchten. Nichts ist falsch! Ich hatte schon mehrmals Klientinnen, die ihrem Liebsten an dessen erstem Geburtstag nach seinem Tod noch ein Geschenk gekauft haben. Wenn mir das anvertraut wird, äußern die Frauen auch Sorge, dass mit ihnen vielleicht etwas nicht stimmen mag, weil sie einem Toten noch etwas schenken. Ich denke, dass es eher noch zu den Handlungen zählt, die wir so viele Jahre lang ausgeführt haben und einfach noch nicht loslassen wollen. Fühlen Sie sich danach, dann geben Sie dem nach. Was soll denn schon Schlimmes passieren?

Sie können auch bewusst alles ganz anders machen. Sie müssen im Moment so viele neue Wege einschlagen – warum nicht auch hier, wenn Sie es wollen? Gehen Sie in sich und fühlen Sie nach, ob Ihnen nicht ganz besondere Ideen in den Kopf kommen. An Toms erstem Geburtstag nach seinem Tod nahm ich an einem Meditationswochenende teil. Ich hatte das Glück, dass alle Anwesenden gerne bereit dazu waren, ihn in ihre Meditation mit aufzunehmen. Eine Witwe erzählte mir, dass sie, seitdem ihr Mann tot ist, jeweils an seinem Geburtstag einen Ort seines Lebens aufsucht, seine Grundschule oder einen Ferienort; und am Tag ihres Kennenlernens besucht sie jeweils einen Ort ihres gemeinsamen Erlebens.

Wenn Sie den Geburtstag Ihres Mannes bisher mit Ihren Kindern und/oder anderen Verwandten und/oder Freunden gefeiert haben, sollten Sie diese frühzeitig wissen lassen, was Sie sich nun für diesen Tag vorstellen und ob Sie dazu einladen möchten.

Ihr Geburtstag

Seine Glückwünsche werden Sie vermissen, ihn werden Sie vermissen, das ist unausweichlich. Doch wenn Sie sich darauf einstellen, den Tag bewusst nach Ihren Wünschen zu gestalten, dann können Sie auch an diesem Tag das Gefühl der Verbundenheit zum Klingen bringen. Hier gilt im Grunde dasselbe wie für den Geburtstag Ihres Mannes und Sie können frühere Gewohnheiten fortführen oder Neues ausprobieren. – Bemühen Sie sich darum, dass es ein für Sie und Ihre Gefühle stimmiger Tag wird. Beziehen Sie Verwandte und Freunde nur insoweit ein, wie Sie es wirklich für sich wünschen.

Eine Witwe erzählte mir, dass sie an ihrem ersten Geburtstag nach dem Tod ihres Mannes alle Glückwünsche, die sie von ihrem Mann geschenkt bekommen hatte und an die sie sich erinnerte oder die ihr irgendwie in Schriftform, in Briefen oder Buchwidmungen, vorlagen, versammeln wollte. Sie begann damit gleich am Morgen und als nachmittags, wie verabredet, eine Freundin sie zum Spaziergang abholte, stellte sie fest, dass sie ihr Vorhaben gar nicht an einem Tag umsetzen konnte. So reich an Glückwünschen von ihm war sie – und sie waren ja immer noch da!

Weihnachten, Ostern und andere Familienfeiern

Diese Feste haben sich durch das Fehlen Ihres geliebten Menschen nun komplett verändert. Natürlich ist es nach wie vor möglich, die übliche Dekoration aus dem Schrank zu holen und ein Festtagsessen zu zaubern. Vielleicht laden Sie Gäste ein oder besuchen selbst jemanden. Viele meiner Klientinnen neigen, so wie ich selbst auch, in den ersten Jahren dazu, diese Feste ausfallen zu lassen, zu verreisen oder sie so klein wie möglich zu halten. Während der Feiertage treffen sich in anderen Häusern, in denen niemand gestorben ist, glückliche Familien. Was wir bisher selbst so genossen haben, tut nun allein in der Vorstellung oft ungeheuer weh.

Daher halte ich es für eine gute Idee, zumindest im ersten Jahr die Feiertage ganz anders zu gestalten. Nehmen Sie sich ein besonderes Projekt vor, das nur Sie betrifft. Haben Sie Kinder, die noch zu Hause leben, beratschlagen Sie gemeinsam mit ihnen, ob es nicht eine Möglichkeit gibt, die Abläufe anders zu gestalten und die Zeit auf eine andere Art intensiv miteinander zu verbringen, als Sie es bisher gewohnt sind.

Vielleicht geben Ihnen die Traditionen aber auch guten Halt, dann geben Sie dem nach. Sie können es ja nur ausprobieren. Falls dann alles anders werden sollte, als Sie es sich vorgestellt haben, und Sie überfordert, dann zögern Sie nicht, sich Hilfe zu suchen – auch wenn es Heiligabend ist! Die Menschen feiern das Fest der Liebe, rufen Sie Ihre Kinder oder Freunde an, wenn es Ihnen nicht gut geht. Im Notfall sollten Sie auch ärztliche Hilfe oder eine telefonische Seelsorge in Anspruch nehmen. Sie müssen nicht warten, bis die Feiertage vorbei sind!

Auf Familienfeiern bin ich in Kapitel sechs bereits ausführlich eingegangen. An dieser Stelle möchte ich jedoch noch einmal darauf hinweisen, dass Sie keineswegs gezwungen sind, in Ihrer Trauerzeit an Familienfeiern teilzunehmen. Allerdings kann es auch schön und tröstlich sein, im Kreise der Familie zu sein.

Urlaub

Auch die ersten Urlaube ohne Ihren Partner können emotionale Schwierigkeiten für Sie mit sich bringen. Viele Betroffene versuchen zu verreisen und bemerken, kaum dass sie am Urlaubsort angekommen sind, dass die Trauer und der Schmerz sich mit auf den Weg gemacht haben. Es kann sein, dass Sie sich in der Fremde ohne Ihren Partner noch einsamer und verlassener fühlen als in Ihrem Zuhause. Außergewöhnlich schwer kann es sein, wenn Sie an Orte fahren, die Sie mit Ihrem Partner bereits bereist haben, oder eine Reise antreten, die Sie noch mit Ihrem Mann geplant haben. Die folgende gute Idee einer Klientin für ihren ersten Allein-Urlaub möchte ich hier weitergeben: Sie ging zum Helfen für ein paar Wochen auf eine Alm und berichtete danach, dass ihr das sehr gutgetan habe. Helfen kann helfen. Es lenkt ab, führt in Gemeinschaft und vorgegebene Tagesstruktur und gibt das gute Gefühl, dass Sie etwas Sinnvolles tun. Das Leben hat noch Sinn, auch wenn der geliebte Mann nicht mehr lebt.

Stellen Sie sich darauf ein, dass Sie aus dem Urlaub in eine leere Wohnung zurückkehren, in der Sie möglicherweise alles wieder schmerzhaft einholt, so als ob der Schmerz und die Trauer dort auf Sie gewartet hätten. Auch diese Schmerzwellen sind normal und gehen wieder vorbei. Am Leichtesten auszuhalten sind solche Wellen, wenn Sie sich nicht mit Macht dagegenstellen, sondern wenn Sie sie zulassen. Erinnern Sie sich in diesen Momenten an das Bild von der Welle, gehen Sie mit ihr, lassen Sie sich von ihr tragen. Eine Möglichkeit, dem ganzen bewusster entgegenzutreten, sind Trauerreisen, auf die ich in Kapitel zwölf eingehen werde.

Trauerrituale und Erinnerungsstücke

Trauer-Rituale können uns Halt geben und Sicherheit darin, dass wir in Verbindung mit unserem lieben Verstorbenen bleiben. So nehmen Trauernde die Gewohnheit an, das Grab des Verstorbenen oder den Baum im Friedwald aufzusuchen. Viele beginnen schon bald nach dessen Tod damit, an einem besonderen Platz in der Wohnung immer wieder frische Blumen hinzustellen. Andere führen ein Spaziergangritual ein: Zu immer der gleichen Zeit in der Woche oder am Tag gehen sie einen bestimmten Weg und dabei in ein inneres Gespräch mit dem geliebten Mann. Oft höre ich von Trauernden, dass sie zum Abschluss jeden Tages ein Ritual ausführen, an einem bestimmten Ort in Zwiesprache mit dem Verstorbenen gehen oder ihm, wo immer er sein mag, wünschen, dass es gut sein möge. Ganz von selbst prägen sich solche Rituale aus: Wir wiederholen einfach Tätigkeiten und Situationen, die uns in unserer Trauer guttun und Trost spenden. Zwei zusätzliche Vorschläge für Rituale mache ich Ihnen im Folgenden.

Ein Erinnerungsfest veranstalten

Oft werde ich schon Wochen, bevor der Todestag des Verstorbenen sich jährt, gefragt, wie damit umgegangen werden kann. Alleinsein, Rückzug, den Tag nur irgendwie überstehen, das sind meistens die ersten Impulse. Doch Sie können auch versuchen, diesem Tag anderes als nur Traurigkeit zu verleihen. Viele Betroffene werden ohnehin von Nahestehenden, von ihren Kindern oder Freunden, gefragt, ob sie zum Friedhof gehen und begleitet werden oder etwas anderes gemeinsam unternehmen wollen. Sie können dies natürlich auch von sich aus anregen. Vielleicht möchten Sie auch zu einem Erinnerungsfest einladen, einem Nachmittag oder Abend, an dem Sie mit Familienmitgliedern, Freunden und Verwandten ganz bewusst die Erinnerung an den Verstorbenen beleben. Wenn Sie bei der Einladung deutlich mitteilen, dass es der Todestag ist und Sie diesen gemeinsam mit guten Erinnerungen an Ihren Mann verbringen wollen, können sich Ihre Gäste darauf einstellen und werden sicher einige Gedanken dazu mitbringen. Sie können aber auch zusätzlich ein schönes Album oder besonderes Blanko-Buch besorgen und schon lange vor dem Todestag im Kreis der Menschen, die Sie dann bei sich haben möchten, von Hand zu Hand geben, mit der Bitte, Erinnerungen hineinzuschreiben und Bilder hineinzukleben. Am Todestag können Sie es sich dann gemeinsam mit Ihren Gästen anschauen und die Erinnerungen aufleben lassen. Danach ist dieses Album für immer ein ganz besonderer Erinnerungsschatz für Sie.

Eine Trauerkerze gestalten

Viele Menschen stellen bald nach dem Tod des Verstorbenen in ihrem Zuhause eine Kerze für ihn auf, die sie regelmäßig zu bestimmten Zeiten anzünden. Sie können diese Kerze oder Kerzen mit wenig Aufwand selbst gestalten.

Das bringt Sie in Verbindung zu ihm und zudem zu Tätigkeit, was besonders zu Beginn der Trauerzeit wichtig ist.

Sie benötigen eine weiße Kerze sowie Kerzenstifte mit Flüssigwachs; die Farbe kann mit dem Pen direkt oder mit einem Pinsel aufgetragen werden, also besorgen Sie eventuell auch Pinsel. Und legen Sie Küchenrolle oder Papiertaschentücher zum Abwischen bereit.

Anfangs probieren Sie am besten die Symbole, Schriftzüge oder kleinen Bilder, die Sie aufmalen möchten, erst auf Papier aus, wenn Sie mehrere Kerzen gestalten, ist das bald gar nicht mehr nötig. Ihre Arbeit kann vor dem Trocknen der Farbe noch durch Abwischen korrigiert werden; es dauert 24 Stunden, bis sie richtig durchgetrocknet ist. Die Kerze kann dann wie jede andere heruntergebrannt werden.

Erinnerungsstücke gestalten

Es gibt sicher vieles, was Sie in Erinnerung an Ihren verstorbenen Mann immer aufheben werden. Doch irgendwann stellt sich die Frage, wie Sie mit Alltagsgegenständen wie Kleidung oder Stücken, die zu seinem Hobby gehörten, verfahren sollen. Sie mögen diese Sachen vielleicht auf keinen Fall wegwerfen und auch (noch) nicht weggeben. Eine Empfehlung ist auch hier, dass Sie sich dafür die Zeit lassen, die Sie brauchen. Eine weitere Anregung ist, sich dem Thema zu nähern, indem Sie aus dem einen oder anderen Gegenstand ein Erinnerungsstück gestalten. Haben Sie aus der einen oder anderen Sache etwas Schönes gemacht, haben Sie also Dinge verändert, wird es Ihnen leichter fallen, allmählich auch Entscheidungen für anderes zu treffen, was Sie nicht aufheben möchten und auch nicht für die Umgestaltung verwendbar ist.

Es gibt unendlich viele einfache Möglichkeiten, Alltagsgegenstände in kleine Kunstwerke zu verwandeln. Lassen

Sie Ihrer Fantasie freien Lauf. In meinen Workshops mit Trauergruppen verwende ich hierzu die Überschrift: »Garantiert talentfreie Ideen«. Es geht beim Verwandeln nicht darum, besonders kreativ und einfallsreich zu sein, sondern darum, dem einen oder anderen Gegenstand eine neue Form oder Gestalt zu verleihen. Die Veränderung des Gegenstands symbolisiert die Veränderung, die Sie durch den Verlust Ihres Partners durchmachen, und natürlich auch die Tatsache, dass Ihr Lebensgefährte nicht mehr lebt, also in einen anderen Zustand übergetreten ist. Wir können nicht alles, was uns einfällt, selbst ausführen, für manches brauchen wir Fachleute, aber wenn Sie Ihre Ideen mit den eigenen Händen umsetzen, hilft es Ihnen dabei, Ihren Verlust besser »zu begreifen«.

Sie können beispielsweise ein Stück eines Kleidungsstückes, das er gerne getragen hat oder das Sie besonders gerne an ihm gesehen haben, verwenden, um ein Lesezeichen daraus zu gestalten. Verschiedene Stoffe ergeben eine Patchworkdecke, Leder eignet sich für eine Tasche. Oder Sie kleben solchen Stoff, wenn er ein besonderes Muster hat, auf, rahmen ihn ein und hängen ihn als Bild auf. Überhaupt können Sie Erinnerungsstücke durch Rahmen in Szene setzen, seien es ein altes Werkzeug, verschiedene Schrauben oder Stifte. Überlegen Sie, was Sie eventuell aus Metallstücken schmieden lassen oder einen Goldschmied aus Silbergegenständen machen lassen können, mit denen Sie so nichts anfangen können.

Zum Beispiel hat mir vor einiger Zeit die Schwester meiner Mutter ein silbernes Messerbänkchen geschickt. Unangekündigt und völlig überraschend lag es in meinem Briefkasten. Ein Anruf bei meiner Tante eröffnete mir bald die Geschichte dahinter: Meine Mutter hatte dieses Messerbänkchen, als sie als Jugendliche im Internat war, dort über sechs Jahre lang täglich benutzt. Meine Mutter ist seit über

38 Jahren, also schon ziemlich lange tot. Ich freute mich dennoch sehr und war ganz aufgeregt über diesen Neuzugang in meinem Haushalt. Da lag dieses Messerbänkchen nun auf einem Tischchen neben einem Foto meiner Mutter. Die Freude darüber hielt zwar an, aber da wir heute keine Messerbänkchen mehr benutzen, lag es da immer nur so herum und hatte keine wirkliche Bestimmung. Dann lernte ich auf dem Flohmarkt einen Goldschmied kennen, der aus Besteck Schmuck macht. Mit viel Einfühlungsvermögen hat er mir aus dem Messerbänkchen zwei wunderschöne Ringe gezaubert.

Affirmation
Du wirst immer einen guten Platz in meinem Herzen behalten.

Kapitel 10: Wie kann es gut weitergehen?

Kann es je wieder gut werden? Nach dem Verlust des Lebensgefährten erscheint das lange unmöglich. Doch Ihre Trauerarbeit bringt Sie irgendwann an den Punkt, dass Sie mehr nach vorne als zurück schauen. Sie haben einen großen Teil Ihres Trauerwegs zurückgelegt und sind dabei, das Unabänderliche in Ihr Leben zu integrieren. Natürlich werden die Trauer und das Vermissen immer eine Rolle in Ihrem Leben spielen, doch Sie lernen damit zu leben, und auch Freude können Sie irgendwann wieder in Ihr Herz lassen. Dann öffnen Sie sich dafür, Ihren Weg ohne Ihren geliebten Mann weiterzugehen und diesen mutig und zuversichtlich zu gehen.

Neue Wege ausprobieren

Immer wieder erleben wir Situationen, in denen es uns so vorkommt, als hätten wir keine oder eine sehr eingeschränkte Wahl. Besonders im Stress ist unsere Wahrnehmung hinsichtlich unserer Möglichkeiten sehr eingeschränkt. Der Verlust eines geliebten Menschen versetzt die Hinterbliebenen, wie eingangs beschrieben, immer in einen Stresszustand, und dieser hält mehr oder weniger stark lange an. In dieser Zeit werden auch Sie wahrscheinlich nur wenige

Lösungen oder Optionen für die verschiedenen anstehenden Fragen und Entscheidungen finden. Wenn Sie innerlich wieder ruhiger werden, weitet sich auch Ihr Blick dafür. Es ist gut möglich, dass Sie infolge der Anforderungen, die die Krise an Sie gestellt hat, Strategien entwickelt haben, sich in wesentlichen Fragen ausgedehntere Spielräume zu erarbeiten.

Irgendwann agieren Sie wieder mehr, als dass Sie reagieren, und dann beginnen Sie, Ihr Leben wieder in die Hand zu nehmen. Das fällt schwer, solange Sie noch die Sorge haben, sich dadurch von Ihrem geliebten Menschen zu entfernen. Die Traumreise am Ende dieses Kapitels kann Sie darin bestärken, den Spagat zwischen altem und neuem Leben zu bewerkstelligen.

Wenn Sie neue Wege suchen und gehen, sind Sie vielleicht sogar mehr als früher bereit, sich auf Neues einzulassen, und Sie riskieren mehr. Sie haben die schlimmste Veränderung schon erlebt, was kann schon noch passieren? Vielleicht probieren Sie eine neue Sportart aus oder ein neues Hobby, vielleicht möchten Sie in Ihrem Berufsleben etwas verändern, vielleicht hegen Sie Gedanken, umzuziehen. – Der Verlust und die Trauer ändert uns innerlich; irgendwann passen wir dann unser äußeres Leben diesem an.

Wir können auch bewusst einige alte Gewohnheiten hinter uns lassen und unsere Glaubenssätze auf ihre Tauglichkeit überprüfen. Der Tod hat eine tiefgreifende Entwicklung in uns ausgelöst; tatsächlich ist es so, dass wir an dem schrecklichen Erleben wachsen.

Durch die Krise lernen viele Betroffene auch, besser als bisher auf ihre Psychohygiene zu achten. Nehmen Sie das mit in Ihr neues Leben, achten Sie bei allen Veränderungen gut auf sich, beobachten Sie, was Auslöser für gute oder schlechte Gefühle sind, und nehmen Sie wahr, welche Menschen Ihnen guttun und welche nicht.

Neue Freundschaften eingehen

Der Verlust des geliebten Menschen verändert uns und unseren Blick auf die Welt. Deshalb sind auch Veränderungen im Freundes- und Bekanntenkreis nach einem so einschneidenden Geschehen vollkommen normal. Es kann sein, dass wir eines Tages feststellen, dass wir mit einem Freund, mit dem wir früher sehr gerne zusammen waren, gar nicht mehr so gerne Zeit verbringen. Oder unsere beste Freundin stand uns in der Krise gar nicht so hilfreich zur Seite wie eine bis dahin entferntere Bekannte. Auch unsere Interessen können sich verschoben haben und vielleicht auch unsere Neigung, bei bisher gewohnten Unternehmungen im Freundeskreis, mitzumachen. Vielleicht haben wir auch Frauen kennengelernt, die ebenfalls kürzlich ihren Mann verloren haben; wir schätzen den Austausch mit ihnen und es entwickelt sich daraus eine neue Freundschaft.

Lassen Sie neue Menschen in Ihr Leben, geben Sie neben alten Freunden auch neuen, bereichernden und erfüllenden Begegnungen Raum. Das wird dazu beitragen, dass Sie sich wieder stimmig mit sich und Ihrem Umfeld fühlen.

Affirmation

Das Leben, das mir geschenkt wurde, hat es verdient, von mir wertgeschätzt zu werden. Ich darf glücklich und kraftvoll weitergehen.

Traumreise »Dein Weg ist nicht mein Weg«

Als Trauernde brauchen wir Verständnis für unsere besondere Situation. Sich angenommen und zugehörig zu fühlen in einer Zeit, in der wir uns selbst fremd geworden sind, ist wohltuend. Im Rahmen einer

Trauergruppe oder eines Trauerseminars können solche Begegnungen möglich sein. Aber irgendwann geht es auch wieder darum, uns in der Welt der Nichttrauernden gut zu fühlen. In der Trauerzeit befinden wir uns »zwischen den Welten« beziehungsweise wechseln wir ständig zwischen unserer Trauerwelt und der Welt der Nichttrauernden. Das ist anstrengend. Diese Traumreise habe ich entwickelt, damit für Sie dieses Wandeln zwischen den Welten leichter wird.

Diese Traumreise können Sie sich auch anhören, und sie steht Ihnen als Download zur Verfügung unter: www.herder.de/extras/

Zähle langsam von 10 bis 0.
Du steigst eine Wendeltreppe zu einem Hochplateau hinauf. Sie führt in deinen inneren Garten. Öffne die Gartentür, sieh dich um und betrachte die Pflanzen und Tiere, die darin wohnen. Gibt es vielleicht einen Brunnen oder einen See? Hörst du Vogelgezwitscher? Scheint die Sonne? Du bemerkst die dahinziehenden Wolken am Himmel und gibst dich vertrauensvoll dem Fluss des Lebens hin. Blätter tanzen im Wind und lösen in dir ein Wohlgefühl und ein Gefühl der Geborgenheit aus.

Vergänglichkeit ist die Konstante, auf die du dich verlassen kannst. Ein Gedanke nach dem anderen taucht auf und zieht weiter. Die Angst vor dem Unbekannten schaut dich an, und du heißt sie willkommen. Du umarmst sie wie einen alten Freund, denn sie hat dich dein Leben lang begleitet. Mit dieser Umarmung kommst du im Hier und Jetzt an. Die ständige Veränderung beinhaltet auch deinen Tod und den von deinen geliebten Menschen. Frieden und Mitgefühl schwingen durch deine Seele. Die Angst vor dem Tod und dem Ungewissen tritt nun einen kleinen Schritt zurück und macht Platz, damit du deine Perspektive wechseln kannst.

Du traust dich nun, Dinge wahrzunehmen, die du bisher verdrängt hast. Dein Herz wird weit. Erkennen und Verständnis breiten sich aus. Bunte Strahlen strömen von deinem Herzen aus durch deinen Körper. Sie durchdringen dich und umhüllen alle unsere geliebten Menschen – die Toten und die noch Lebenden. Egal, was passiert, die liebevolle Verbindung bleibt bestehen. Deine tiefe Liebe dringt bis ins Jenseits und der liebevolle Segen deiner geliebten Verstorbenen kommt von ihnen zu dir zurück.

Diese Verbindung erinnert dich daran, warum du gerne für andere da bist und am Leben teilhaben möchtest, so lange, wie es dir bestimmt ist. Sie ist deine Kraftquelle und hilft dir, dich auf das zu konzentrieren, was dir wichtig ist und was dich ausmacht. Du spürst, wie es nun an der Zeit ist, dich neu zu orientieren. Schau dich sachte danach um, was das Leben noch für dich bereithält. Welchen Aufgaben hast du dich noch zu stellen? Wie viel Freude wartet da draußen noch auf dich? Wie kannst du Vertrauen darin fassen? Auch wenn es wehtut, versuchst du zu akzeptieren, dass das Leben andere Pläne mit dir hatte, als weiter mit deinem geliebten Menschen zu leben. Du begreifst, dass vieles einfach nicht so ist und verläuft, wie du es gerne hättest. Das brauchst du nicht persönlich zu nehmen. Auch wenn dir nun dieser große Verlust widerfahren ist, ist alles mit dir in Ordnung, so wie mit all den Menschen, die ebenfalls eine große Liebe verlieren. Nimm die Dinge, die du nicht verändern kannst, so gut es geht hin, und mache das Beste daraus.

Du nimmst auch hin, dass du das Leben deines Partners nicht stellvertretend für ihn führen kannst. In nächster Zeit darfst du immer wieder dem Gedanken nachspüren: »Dein Weg ist nicht mein Weg, aber ich werde dich immer lieben, egal, wohin mein Weg mich führen mag.« Damit das alles leichter für dich ist, kannst du dieses Licht aus der Zwischenwelt mitnehmen und immer bei dir tragen, egal, wo auch immer du dich befindest. Verneige dich nun vor deinen geliebten Verstorbenen. Spüre eure tief verwurzelte Verbundenheit, die dich trägt. Verabschiede dich von ihnen für den Moment und begib dich langsam auf den Rückweg.

Du öffnest das Gartentor und steigst die Wendeltreppe langsam und ganz erfüllt von der Begegnung mit deinen Lieben und deinem inneren Leuchten hinab.

Zähle langsam von 0 bis 10. Öffne die Augen, steh auf und gehe weiter deinen Weg.

Kapitel 11: Eine neue Liebe

Es gibt so viele unterschiedliche Ansätze dazu, was Beziehung, Verbundensein und Liebe bedeuten und welchen Stellenwert die Liebe für jeden hat. Es ist auch individuell ganz unterschiedlich, was wir uns hinsichtlich einer Beziehung wünschen und wie wir Nähe zulassen können. Doch in der Trauerzeit waren die Frauen, die ich begleitet habe, fast alle lange gleichermaßen fest davon überzeugt, dass wenn das überhaupt geschehen würde, erst nach vielen Jahren wieder jemand ihr Herz erobern könnte. Andererseits habe ich immer wieder auch erlebt, dass das Schicksal anders verlief und eine Witwe schon bald einem Menschen begegnete, der ihr Herz trotz ihrer Trauer berühren konnte. Vielleicht können Sie sich das heute noch gar nicht vorstellen, möchten es auch nicht, dann überspringen Sie getrost die nächsten Abschnitte und kommen Sie später darauf zurück.

Zwischen Glücks- und Schuldgefühlen

Möglicherweise kann uns gerade auch in Trauerzeiten eine neue Lieben begegnen, weil wir so sicher sind, dass es keinen Ersatz für unseren verstorbenen Mann geben kann und wir diesen auch gar nicht suchen. Daher sind unsere Abwehrmechanismen gar nicht so stark, wie wir das eigentlich glauben. Und es kann – ganz anders, als wir annehmen – durchaus sein, dass wir, obwohl wir uns so kraftlos und schlecht fühlen, etwas ausstrahlen, wovon ein anderer sich angezogen fühlt. Dann kommen womöglich eines Tages trotz unserer Trauer und großem Schmerz die Gefühle eines anderen Mannes bei uns an und es strömen auch liebevolle Gefühle aus uns heraus. Wenn Ihnen dies geschieht, dann wehren Sie sich wahrscheinlich zunächst gegen diese Gefühle, doch vielleicht stellen Sie schon bald fest: Ihr Herz ist groß und es ist genug Platz darin für Ihren lieben Verstorbenen und auch für eine neue Liebe.

Das zu erkennen und dann auch zu akzeptieren ist kein einfacher Prozess. Wir merken, wie diese Gefühle uns guttun, und im selben Moment empfinden wir deswegen Schuld. Während wir immer noch die große Trauer und den Verlust spüren, empfinden wir zeitgleich neue Liebe, auch Lust und Freude über einen möglichen Neubeginn. Ein Teil von uns sträubt sich dagegen, aber ein anderer beginnt damit, es gutzuheißen, wieder in die Lebendigkeit zu gehen.

Diese widersprüchlichen Gefühle können lange andauern und auch immer wieder einmal aufkommen, wenn sie vermeintlich schon längst ganz vergangen sind. Erzählen Sie dem neuen Mann in Ihrem Leben davon, er wird lieber eine Erklärung für Ihre wechselnden Stimmungen haben, als zu rätseln. Und es kann sein, dass er gelegentlich ähnliche Gedanken und Gefühle dazu hat, ob es zu früh für Sie ist, wieder eine Verbindung einzugehen. Gemeinsam und im Vertrauen zueinander werden Sie damit gut umgehen können.

Oft fragen mich Klientinnen, wenn eine neue Liebe am Horizont auftaucht und sie sich damit überfordert fühlen, was ich darüber denke. – Durch den Tod unseres Mannes haben wir so unmittelbar, wie wahrscheinlich nie zuvor, erfahren, dass wir die ganz großen Ereignisse im Leben nicht beeinflussen können. Wir wissen, dass wir natürlich nicht über Leben und Tod zu entscheiden haben. Ich denke, mit der Liebe ist das ganz ähnlich. Liebe kommt und geht, ganz so, wie es ihr gefällt. Würdigen und schätzen wir sie so, wie sie in unser Leben kommt und es bereichert.

Erzählen Sie es Ihren Kindern zum richtigen Zeitpunkt

Junge Kinder wünschen sich manchmal sofort nach dem Tod ihres Papas einen Ersatzpapa (sehen Sie dazu Kapitel drei). Wenn aber nach einiger Zeit tatsächlich ein neuer Mann in das Leben der Mutter und dann der Familie tritt, ist das natürlich nicht einfach für Kinder, die ja ihren Papa noch immer vermissen. Im Allgemeinen empfehle ich hier, die Kinder – seien sie noch klein oder schon größer oder bereits erwachsen – erst einmal außen vor zu lassen, bis die Erwachsenen sich darüber klar sind, ob es sich hier um eine ernsthafte Angelegenheit handelt. Bei einer lockeren Beziehung kann es passieren, dass sich die Kinder erst viele Hoffnungen machen, die dann aber zerbrechen, wenn die Beziehung doch schon bald wieder auseinandergeht.

Wenn Sie und Ihr Partner jedoch meinen, dass die Beziehung trägt und andauern wird, dann sollten Sie möglichst bald Ihren Kindern davon erzählen, damit sie sich nicht ausgeschlossen oder womöglich hintergangen fühlen. Seien Sie darauf vorbereitet, dass Ihre Kinder dadurch erheblich in Aufruhr geraten können. Ohnehin haben sie vielleicht noch sehr starke und schwankende Gefühle wegen des Todes ihres Vaters zu verarbeiten. Nun drängen sich ihnen Fragen danach auf, ob Ihnen der Vater nicht mehr wichtig ist und ob er nun ganz aus der Familie verdrängt wird.

Auch hier gilt, wie in Kapitel drei ausgeführt, dass Sie nur, indem Sie offen mit Ihren Kindern sprechen, ihnen die Sicherheit und auch weiterhin den Halt geben können, die sie jetzt, da sich die Familienkonstellation durch den neuen Mann schon wieder ändert, umso mehr brauchen. Haben Sie Geduld mit allen Beteiligten, sodass sie eine gute Verbindung zueinander behalten.

Auch erwachsene Kinder sind nicht immer in der Lage, mit der neuen Situation entspannt umzugehen. Lassen Sie ihnen ebenfalls die Zeit, die sie benötigen, drängen Sie Ihre Kinder zu nichts, was sie (noch) nicht möchten, etwa gemeinsame Unternehmungen oder Einladungen. Aber lassen Sie sich umgekehrt auch nicht von den Vorstellungen Ihrer Kinder irritieren.

Machen Sie Ihre neue Liebe überlegt öffentlich

Haben Sie Kinder, die noch in Ihrem Haushalt leben, dann sollten Sie ihnen jedenfalls vor allen anderen von Ihrer neuen Liebe erzählen, damit sie es nicht von anderen oder sogar von Fremden erfahren. So stellen Sie auch sicher, dass die Kinder genau das zuerst über die neue Verbindung erfahren, was stimmt, und nicht irgendwelche Halbwahrheiten.

Haben Sie keine Kinder, verfahren Sie ganz so, wie Sie möchten und wie es Ihnen entspricht. Vielleicht ist es Ihnen ja gleich, ob andere Gerüchte über Sie streuen, weil man Sie irgendwo gemeinsam mit der neuen Liebe gesehen hat. Wenn Sie aber Wert darauf legen, den Menschen, die Ihnen am Herzen liegen, selbst von der Beziehung zu erzählen, dann müssen Sie systematisch vorgehen, denn solche Neuigkeiten verbreiten sich sehr schnell. Vielleicht laden Sie auch die Personen, die Sie selbst informieren wollen, zu sich ein oder Sie sprechen wirklich mit allen unmittelbar nacheinander.

Danach werden Sie voraussichtlich nicht nur positive Reaktionen aus dem Kreis Ihrer Angehörigen, Freunde und Bekannten erhalten. Ungefragt mögen manche ihre Ansichten äußern, dass es »recht früh« oder »ja auch wirklich höchste Zeit« ist. Vor allem älteren Frauen, die nach einer langen Ehe eine neue Partnerschaft eingehen, wird dies häufig nicht zugestanden. Lassen Sie sich von solcher Missgunst nicht beeindrucken. Festigen Sie die Freundschaften mit jenen Menschen, die sich von ganzem Herzen mit Ihnen über Ihr Glück freuen können, gehen Sie auf Distanz zu den anderen; Sie müssen sich deren Meinung nicht anhören. Allein die Tatsache, dass Sie von diesem »Problem« betroffen sind, ist ein riesiger Grund zur Freude.

Es gibt in diesem Zusammenhang Gespräche, die uns sehr schwerfallen: Wie sollen wir beispielsweise unserer Schwiegermutter mitteilen, dass nun ein anderer Mann den Platz ihres Sohn eingenommen hat? Ganz besonders schwer ist das, wenn wir ein sehr gutes Verhältnis zu der Mutter des Verstorbenen haben und uns sehr wohl ausmalen können, dass es ihr selbst dann, wenn sie sich für uns von ganzem Herzen neues Glück wünscht, wehtun wird, von unserer neuen Liebe zu erfahren. Hinzu kommen vielleicht Sorgen, dass die Rolle, die Ihre Schwiegermutter in Ihrem Leben spielt, sich verändert.

Vertrauen Sie bei solchen schwierigen, aber notwendigen Gesprächen darauf, dass Sie die richtigen Worte finden; schließlich lieben Sie Ihren verstorbenen Mann ja weiterhin und das wird in Ihren Worten mitschwingen.

Wenn Verlustängste und Vergleiche Ihnen im Weg stehen

Infolge des Verlusts des Lebensgefährten treten oft *Verlustängste* auf. Witwen haben häufig ausgeprägte Angst um ihren neuen Lebenspartner, obwohl es in der Realität gar keinen Anlass dafür gibt. Selbst wenn Sie die Zusammenhänge zwischen Ihrem Verlust und den Verlustängsten erkennen, kann es sein, dass Sie gelegentlich von großen Ängsten um Ihren Mann gequält werden. Sie hören zu lange nichts von ihm, können ihn nicht erreichen und wissen nicht, warum das so ist; Sie versuchen vielleicht, die ganz normalen Erklärungen heranzuziehen: Akku leer, Flugzeug landet mit Verspätung. Doch Ihr Herz, Ihre Seele, sogar Ihr Körper halten es nicht aus und die Angstgefühle nehmen Überhand. Das kann sogar in Panikattacken münden.

Sollte es Ihnen manchmal so ergehen, dann werden Sie sicher mit Ihrem Partner darüber sprechen und verschiedene Maßnahmen gegen Ihre Angst vereinbaren: dass er sich zu bestimmten Zeiten bei Ihnen meldet, stets einen Ersatzakku für das Handy bei sich hat oder Ähnliches. Doch darüber hinaus sollten Sie herausfinden, was Sie für sich tun können, um solche Ängste zu mildern. Lassen Sie sich nötigenfalls auch von einem auf Ängste spezialisierten Therapeuten dabei helfen, damit besser zurechtzukommen.

Es ist fast unvermeidlich und geschieht meistens wie von selbst, ganz ohne Intention: Wir ziehen *Vergleiche* zwischen unserem neuen Lebensgefährten und seinem Vorgänger. Ebenso neigen wir dazu, den Verstorbenen zu glorifizieren; wir erinnern uns ja vor allem gerne an all seine guten Eigenschaften und die weniger guten treten immer mehr zurück. Mit der Zeit vergessen wir das, was uns an unserem verstorbenen Mann gestört hat, sein Licht leuchtet immer heller. So kann es leicht passieren, dass wir im Vergleich ungerecht urteilen. Das ist für den Mann an unserer Seite nicht einfach und kann die Beziehung empfindlich stören. Vielleicht gelingt es Ihnen, solches Vergleichen möglichst zu unterlassen. Und wenn Ihnen wieder einmal so ein unnützer und unhaltbarer Vergleich in den Sinn kommt, dann rufen Sie sich den Zusammenhang mit der Glorifizierung des Verstorbenen in Erinnerung. Vielleicht können Sie sich ja zum Ausgleich etwas vor Augen führen, was ganz wunderbar an dem Mann ist, mit dem Sie nun Ihr Leben teilen.

> **Affirmation**
> Eine neue Liebe darf in mein Herz einziehen. In meinem Herzen ist genug Platz.

Kapitel 12: Spezielle Angebote für Witwen

Die Begegnung und der Austausch mit anderen Frauen, deren Mann auch vor Kurzem gestorben ist, kann hilfreich sein. Es entlastet, zu erfahren, dass andere vielleicht ähnlich verwirrende Gefühle haben, und es tröstet, ein Verständnis zu finden, wie es nur ebenfalls um ihren Mann trauernde Frauen haben können. Eine Regel, wann der richtige Zeitpunkt dafür ist, auf andere Trauernde zu treffen, gibt es nicht. Ich halte es im Allgemeinen für ratsam, wenn schon drei bis vier Monate vergangen sind, bevor eine Witwe sich den Verlusten anderer stellt, die ebenfalls ihren Mann verloren haben. Es gibt sogar Angebote, bei denen ein Mindestzeitraum von sechs Monaten angegeben wird, der vergangen sein muss, bevor man an der Gruppe teilnehmen kann.

Trauergruppen, Selbsthilfegruppen, Trauerkur, Urlaubsfahrten für Witwen

Trauergruppen

Eine Trauergruppe kann angeleitet oder als Selbsthilfegruppe stattfinden. Es gibt gemischte Trauergruppen, in denen Trauernde, die ganz unterschiedliche Trauerfälle bearbeiten wollen, zusammentreffen. Oder die Gruppe besteht nur aus Menschen, die einen ähnlichen Verlust zu beklagen haben. Wenn es gemischte Angebote sind, kann es also sein, dass Menschen zusammenkommen, die ganz verschiedene Verluste erlitten haben und um ein Kind, den Lebensgefährten, Vater oder Mutter, einen Bruder oder eine Schwester, Freund oder Freundin oder auch ein Tier trauern. Vielleicht möchten Sie sich vorher erkundigen und lieber an einer Trauergruppe für Witwen teilnehmen. Doch es hängt in jedem Fall von dem Miteinander in der Gruppe ab, wie sehr die Trauernden davon profitieren. In einer angeleiteten Gruppe kann der Gruppenleiter oder die Gruppenleiterin eingreifen, wenn inhaltlich oder menschlich schwierige Situationen aufkommen oder wenn ein Teilnehmer beispielsweise zu viel Raum für sich einnimmt. Von der Gruppenleitung werden meist auch über den Austausch über das Erleben in der Trauerzeit hinaus Anregungen und Hinweise für die Trauerarbeit gegeben.

In Selbsthilfegruppen trägt niemand die Verantwortung für das Gelingen und niemand sorgt dafür, dass die Bedürfnisse aller berücksichtigt werden. Es kann viel Kraft kosten, sich gemeinsam um eine unterstützende Gruppendynamik zu kümmern, aber es kann auch wie von selbst funktionieren. Sofern in Ihrem Ort beides angeboten wird, liegt es natürlich ganz bei Ihnen, ob Sie eine angeleitete Trauergruppe oder eine Selbsthilfegruppe vorziehen. Falls Sie bei Ihrem ersten Versuch auf eine Gruppe treffen, in der Sie sich nicht wohlfühlen, dann probieren Sie weitere aus: Jede Gruppe ist anders, es gibt sicher auch die, die zu Ihnen passt.

Trauerkur

Mittlerweile gibt es Kuren, die auch Trauernde mit ihrem speziellen Thema auffangen. Viele meiner Klientinnen, die das ausprobiert haben, konnten nur Gutes davon berichten. Erkundigen Sie sich jedoch vorher genau, ob das spezielle Angebot für Trauernde auch wirklich durchgeführt wird, damit Sie nicht mit Menschen zusammentreffen, die ganz andere Probleme oder auch körperliche Erkrankungen zu bearbeiten haben, denn in der Regel bringt Sie das nicht so gut weiter wie ein auf Ihre Situation zugeschnittenes Angebot.

Wir sollten uns darüber im Klaren sein, dass Trauer keine psychische Erkrankung ist. Allerdings habe ich den Eindruck, dass es bei der Beantragung von Trauerkuren wohl häufiger zur Ablehnung kommt, als wenn der Hausarzt für Sie eine psychosomatische Reha beantragt. Vielleicht können Sie das mitbedenken, wenn Sie diesen Weg gehen möchten.

Urlaubsfahrten für Witwen

Trauerreisen sind in jeder Hinsicht hilfreich, denn hier können Sie sicher sein, dass auf Ihre Rückzugsbedürfnisse geachtet wird, stets ein fester Ansprechpartner zur Verfügung steht und Sie an Gruppensitzungen und gemeinsamen Mahlzeiten, Ausflügen und Freizeitbeschäftigungen mit ebenfalls Betroffenen teilnehmen können. Hier müssen Sie sich niemandem erklären und sich auch nicht zusammenreißen. Mittlerweile gibt es auch schon Trauerreisen mit unterschiedlichen Schwerpunkten, wie Wandern oder Schreiben in Verbindung mit der Trauerarbeit.

Vereine für weitere Informationen:

- jung verwitwet e.V., Bogenstraße 26, 20144 Hamburg, E-Mail: info@jungverwitwet.de, Tel.: 040/36 11 85. Bitte sprechen Sie Ihr Anliegen auf den Anrufbeantworter.
- Nikolaidis Stiftung gemeinnützige GmbH, Adi-Meislinger-Straße 6, 81373 München, Tel.: 089/74 36 32 02, E-Mail: info@nikolaidis-stiftung.de. www.nikolaidis-stiftung.de

- AGUS (Angehörige um Suizid) e.V., Bundesgeschäftsstelle Markgrafenallee 3a, 95448 Bayreuth, Tel.: 0921/ 1500380, www.agus-selbsthilfe.de

Affirmation

Ich traue mich, neue Dinge auszuprobieren, auch wenn ich nicht weiß, ob sie hilfreich sind.

Literaturempfehlungen

Bucay, Jorge: Das Buch der Trauer. Wege aus Schmerz und Verlust, Frankfurt am Main 2001

Der argentinische Mediziner und Psychoanalytiker hilft mit seinem Buch auf einfühlsame Weise, Trauer besser zu verstehen und einzuordnen.

Daiker, Angelika: Es wird wieder schön, aber anders – ein Buch für verwitwete Frauen, Ostfildern 2010

Angelika Daiker arbeitet seit ca. 20 Jahren in der Trauer- und Sterbebegleitung. Sie hat ein Hospiz mit aufgebaut, geleitet und unzähligen Trauernden in dieser Zeit geholfen, über schwere Klippen der Trauer hinwegzukommen. Mit ihrem Buch hilft sie dabei, die unterschiedlichen Gefühle und Ausdrucksformen der Trauer auf dem Hintergrund der eigenen Biografie zu verstehen.

Engelhardt, Ulla: Jung verwitwet – Weiterleben, wenn der Partner früh stirbt, Frankfurt am Main 2014

Das Buch ist für Betroffene, die in jungen Jahren ihren Partner verlieren. Die Autorin hat selbst 2001 ihren Mann verloren, so weiß sie, worüber sie schreibt. Dadurch ist das Buch ein guter Wegbegleiter in dieser besonderen Lage.

Kachler, Roland: In meinen Träumen finde ich dich – Wie Träume in der Trauer helfen, Freiburg im Breisgau 2014

Viele träumen in der Trauerzeit sehr intensiv, manche wiederum gar nicht oder eher selten. Die Erklärungen von Roland Kachler können bei der Interpretation von Träumen oder ihrer Abwesenheit helfen – auch wenn die Träume schwer und bedrohlich wirken.

Lohner, Marlene: Plötzlich allein – Frauen nach dem Tod des Partners, Frankfurt am Main 1997

Aus der eigenen Betroffenheit, sich nicht mehr zugehörig zu fühlen und fast nur mit anderen Betroffenen darüber sprechen zu können, stellt die Autorin in ihrem Buch acht Geschichten von Frauen mit Partnerverlust, einschließlich ihrer eigenen vor.

Mikutta, Petra: Sie werden lachen. Mein Mann ist tot: Ein Überlebensbuch, München 2015

Dieses Buch spricht insbesondere Menschen, die plötzlich verwitwet sind, an, denn Petra Mikutta verlor ihren Mann durch einen Unfall. Als Journalistin fängt sie schon nach wenigen Monaten an, ihre Empfindungen und Erlebnisse aufzuschreiben, und formuliert daraus ein sehr authentisches, direktes und hilfreiches Buch.

Schroeter-Rupieper, Mechthild: Für immer anders. Das Hausbuch für Familien in Zeiten der Trauer und des Abschieds, Ostfildern 2009

Ein Buch, das in keinem Haushalt fehlen sollte. Es hilft mit der Trauer umzugehen und dabei die Bedürfnisse aller Beteiligten im Blick zu behalten. Die vielen praktischen Hinweise der erfahrenen Trauerbegleiterin können eine gute Basis dafür sein, schwere Zeiten gemeinsam zu überstehen.

Ein Kinderbuch auch für Erwachsene

Vollmer, Veronika: Und wo ist der Himmel? Was bleibt, ist der Schatz der Erinnerungen, Geschichten, Books on Demand 2017

Die ehrenamtliche Trauerbegleiterin hat mit ihren Kolleginnen Geschichten zusammengetragen, die aus der Sicht trauernder Kinder geschrieben sind, um das Erleben von Kindern besser verständlich zu machen und um Trauernde darin zu unterstützen, die schweren Themen bei Kindern anzusprechen.

Kinderbücher für das Kindergartenalter

Erlbruch, Wolf: Ente, Tod und Tulpe, München 2010

Hier nähert man sich auf behutsame Weise dem Thema Krankheit und Tod.

Lüftner, Kai; Gehrmann, Katja: »Für immer«, Weinheim 2013

Ein sehr berührendes Buch über Tod, Verlust und Trauer.

Nilsson, Ulf; Eriksson, Eva: Die besten Beerdigungen der Welt, Frankfurt am Main 2009

Dieses Buch nähert sich dem Thema Beerdigungen auf natürliche und unkomplizierte Art. Wir werden – auch mittels gelungener Zeichnungen – Zeuge der Gründung eines Bestattungsinstituts. So leicht kann das schwierige Themen bearbeitet werden! Das Buch gibt es mittlerweile auch als Film und Theaterstück.

Saalfrank, Heike; Goede, Eva: Abschied von der kleinen Raupe, Würzburg 2016

Anhand sehr schöner Bilder wird erklärt, wie sich das Raupenleben verändert, wenn es darum geht, ein Schmetterling zu werden. Um Kindern das Ganze noch anschaulicher zu präsentieren, empfehle ich das Schmetterlings-Set von »Insect Lore«. Damit kann man Raupen dabei zusehen, wie sie sich verpuppen und danach zu Schmetterlingen entwickeln.

Schössow, Peter: Gehört das so??! Die Geschichte von Elvis. Berlin 2005

Eines meiner Lieblings-Kinderbücher zum Thema Trauer, da hier mit schönen Zeichnungen auch die Themen Unverständnis und Wut angesprochen werden und ein Lösungsweg zu diesen verwirrenden Gefühlen aufgezeigt wird.

Kinderbücher für das Grundschulalter

Bosse, Ayse; Klammt, Andreas: Weil du mir so fehlst – Ein Buch fürs Abschiednehmen, Vermissen und Erinnern, Berlin 2016

Das Buch spricht alle Sinne von trauernden Kindern an. Ein guter Ratgeber bei einem schweren Verlust in der Familie. Der Vorschlag mit dem »Brüll-Eimer« funktioniert bestimmt auch für Erwachsene. Und es gibt einen Geheim-Code für den Download zu dem Lied von Ayse Bosse: Weil du mir so fehlst.

Fried, Amelie; Gleich, Jacky: Hat Opa einen Anzug an?, München 1997

Die wichtigen Fragen werden auch hier gestellt. Manche finden die Zeichnungen zu düster und von daher nicht kindgerecht, andere finden genau das gut und angemessen.

Stalfeld, Pernilla: Und was kommt dann? Das Kinderbuch vom Tod, Frankfurt am Main 2000

Hier werden Kinder über den Tod aufgeklärt, ohne dass es ein Richtig oder Falsch gibt. Eine gute Grundlage für Eltern, Lehrer und Erzieher, auch wenn jenseits von religiöser Festlegung oder Bindung Antworten gesucht werden.

Bücher für Jugendliche oder über Trauer von Jugendlichen

Vollmer, Veronika: Und wie geht es mit meinen Leben weiter? Warum Freunde und Familie so wichtig sind, Sammlung von Geschichten für Jugendliche, Books on Demand 2017

Eine Sammlung von Geschichten von Verlusten, erzählt aus der Perspektive von Jugendlichen. Das Buch erleichtert Erwachsenen das Einfühlen in die Gefühlslage von Verlust und Trauer in der Pubertät und Jugendliche können Trost und Orientierung in dem Erleben anderer jugendlicher Betroffener finden.

Reinthaler, Magdalena; Wechner, Hannes: Plötzlich bist du nicht mehr da –Tod und Trauer von Jugendlichen, Innsbruck 2014

Das Buch stellt für die seelsorgerische Tätigkeit in der Gemeinde Rituale für trauernde Jugendliche vor.

Bücher zur Stärkung der Resilienz

Johnstone, Matthew: Resilienz – Wie man Krisen übersteht und daran wächst, München 2015

Der Autor ist Grafiker und auf der Basis eigener Erfahrung mit Depression erhöht er mit sehr anschaulichen Bildern die Motivation Betroffener, an schwierigen Krisen zu wachsen. Er bietet genau das, was man braucht, um schnell und einfach Hilfe zu bekommen und wieder eine positive Richtung einzuschlagen.

Lelord, Francois: Hector und die Kunst der Zuversicht, Piper 2018

Altes Wissen darüber, wie Glück und Zuversicht unmittelbar zusammenhängen, neu und gut nachvollziehbar von einem erfahrenen Psychologen auf den Punkt gebracht, der selbst erfahren hat, dass er in eigenen Krisen nicht immer das umsetzen kann, was er seinen Patienten nahelegt.

Reddemann, Luise: Eine Reise von 1.000 Meilen beginnt mit dem ersten Schritt – Seelische Kräfte entwickeln und fördern, Freiburg 2005

Die Medizinerin, Psychoanalytikerin und langjährige Leiterin der Klinik für Psychotherapeutische und Psychosomatische Medizin des Ev. Johannes-Krankenhauses in Bielefeld stellt darin neue Sichtweisen und Umgangsmöglichkeiten für die Wahrnehmung der Situation, in der Sie sich befinden, vor. Damit können Sie Ihre Resilienz erhöhen und dazu beitragen, dass Sie gestärkt aus der Krise hervorgehen. Das Buch ist auch als Hörbuch erhältlich.

Anmerkungen

1 https://www.therapie.de/psyche/info/ratgeber/lebenshilfe-artikel/trauer/artikel/, aufgerufen 13.04.2018

2 https://www.aponet.de/aktuelles/forschung/2012-01.html, aufgerufen 13.04.2018

3 http://news.healingwell.com/index.php?p=news1&id=660558, aufgerufen 13.04.2018

4 Ich habe für diesen täglichen Blick auf das eigene Befinden und Tun ein Trauertagebuch entwickelt, in dem Sie jeden Tag Ihre Eintragungen vornehmen können, und veröffentlicht: Terhorst, Eva: Damit das Leben wieder heller wird. Das besondere Tagebuch in der Zeit der Trauer, Ostfildern 2017

5 https://www.sciencedirect.com/science/article/pii/S1618866716000121, aufgerufen 16.04.18

6 https://www.welt.de/gesundheit/article154517284/Nur-fuenf-Minuten-im-Wald-staerken-Ihr-Selbstbewusstsein.html, aufgerufen 13.04.2018

7 http://www.xing-news.com/reader/news/articles/1366022?cce=em5e0cbb4d.%3AAAIGjTnlBuU2PvOdEoM2cCAL&link_position=digest&newsletter_id=33055&toolbar=true&xng_share_origin=email, aufgerufen 13.04.2018

Hinweise

Weitergehende Informationen über mich und meine Arbeit finden Sie unter: www.trauerbegleiter.org. Dort können Sie kostenfrei meinen Begleitbrief zum Thema Krisen und Trauer abonnieren, der mehrmals im Jahr erscheint. Hier finden Sie zudem Informationen zu dem von mir entwickelten Trauertagebuch »Damit das Leben wieder heller wird. Das besondere Tagebuch in der Zeit der Trauer« sowie zu meinen Büchern »Das erste Trauerjahr. Was kommt, was hilft und worauf Sie setzen können«, »Ich konnte nichts für dich tun. Trauern und weiterleben nach dem Verlust durch einen Suizid« und »Trauern, wenn Mutter oder Vater stirbt. Ich bewahre alles in meinem Herzen.«

Ebenfalls Hilfe und Informationen erhalten Sie unter: www.trauer-radio.de